高校学报编辑的创新意识与诚信素养

刘云川 著

线装書局

图书在版编目（CIP）数据

高校学报编辑的创新意识与诚信素养 / 刘云川著.
—北京：线装书局，2023.10
ISBN 978-7-5120-5569-8

Ⅰ.①高… Ⅱ.①刘… Ⅲ.①高校学报－编辑工作－研究 Ⅳ.①G237.5

中国国家版本馆 CIP 数据核字（2023）第 140075 号

高校学报编辑的创新意识与诚信素养
GAOXIAO XUEBAO BIANJI DE CHUANGXIN YISHI YU CHENGXIN SUYANG

作　　　者：	刘云川
责任编辑：	林　菲
出版发行：	线装书局
地　　址：	北京市丰台区方庄日月天地大厦 B 座 17 层（100078）
电　　话：	010-58077126（发行部）　010-58076938（总编室）
网　　址：	www.zgxzsj.com
经　　销：	新华书店
印　　制：	定州启航印刷有限公司
开　　本：	710mm×1000mm　1/16
印　　张：	11
字　　数：	200 千字
版　　次：	2023 年 10 月第 1 版第 1 次印刷
定　　价：	59.80 元

内容简介

近年来，随着我国经济、文化交流与学术事业发展迅速，以及信息化时代的各种现代化科技手段的运用，给高校学报编辑工作带来了巨大的冲击和产生了新的影响，高校学报编辑的创新意识与诚信素养问题受到越来越多的学者的关注。为此，如何培养高校学报编辑的创新意识与诚信素养就成为当今社会越来越关注的话题。

该书对高校学报编审的基本原理和方法进行了较为详尽的阐述，具体阐述了高校学报的特色发展和传播路径、学报的编辑观念和品牌塑造、学报的现代化建设和特色化发展，使受众对高校学报的编辑观念有一个基本的认识；通过对高校学报编辑的创造性思考和创新性途径的剖析，使广大读者对其编辑工作有所认知和了解；在此基础上，还重点阐述了高校学报编辑应如何加强诚实品质的培育。

本书旨在为有关领域的人们提供一定的参考和借鉴。

前言

高校学报是高校科研工作的重要组成部分。高校学报立足于大学，与广大的老师、同学有着密切的关系，能够及时、迅速地将各种新思想、新方法、新的成果以学术期刊的方式向世人公布。而那些默默无闻的无名者则借助学报这个人才的培养平台，不断地提升自己的学术水平，让有潜力的学者们的成果被刊登出来，由默默无闻到出名，逐渐壮大。

21世纪是一个信息化、高科技的世纪，高校学报作为科学技术的载体，其作用日益凸显。随着我国期刊的不断发展，期刊的质量不断提高。在我国科学技术飞速发展的今天，我国的期刊发展速度越来越快，而我国的期刊编辑队伍也在迅速发展。在新的历史条件下，高校学报的编辑质量得到了极大的提升。

编辑工作是一项不为人所知的职业，它既不是花朵，也不是果实，它只是在低低地垂落自己的树阴，使花朵更加鲜艳，果实更加甜美。"甘愿为别人作嫁衣裳"的无私奉献是一个编辑素质的精髓，而编辑素质又与其知识、品德、能力直接相关。一个好的编辑不仅是一个勇于开拓、勇于创新的人，更是一个编辑方法得当、知识渊博、基本功扎实、语言加工能力强的人。事实证明，高质量的编辑不仅要有远见，还要具备深刻的见解和丰富的知识。

本书旨在通过对高校学报编辑的创新意识和诚信素养的全面剖析，以期为广大同行提供一定的参考。

目录

第一章　高校学报的专业化发展与传播路径 …… 1
 第一节　高校学报的内涵与学术地位 …… 2
 第二节　高校学报转制与专业化的发展 …… 8
 第三节　双一流高校学报的传播力 …… 21

第二章　高校学报编辑思想与精品化塑造 …… 29
 第一节　高校学报的编辑思想及刊物特色 …… 30
 第二节　高校学报的编辑意识 …… 34
 第三节　高校学报编辑的精品化 …… 39
 第四节　高校学报编辑的学术精神塑造 …… 50

第三章　高校学报编辑的现代化建设与品牌发展 …… 65
 第一节　大数据时代高校学报的编辑出版现状 …… 66
 第二节　高校学报的现代化建设与价值取向 …… 78
 第三节　高校学报的品牌发展战略 …… 89

第四章　高校学报编辑的创新思维与创新路径 …… 103
 第一节　高校学报编辑的创新思维与思维定势 …… 104
 第二节　高校学报编辑工作的创新 …… 113
 第三节　高校学报编辑文化的价值与创新 …… 120
 第四节　高校学报高素质编辑人才队伍建设的创新 …… 125

第五章 高校学报编辑的诚信素质培养……133

第一节 高校学报编辑应具备的素质……134
第二节 高校学报编辑的职业道德与诚信……143
第三节 高校学报编辑法律意识的培养……157
第四节 高校学报编辑对学术不端行为的防治……162

结束语……166

参考文献……167

第一章　高校学报的专业化发展与传播路径

　　高校学报作为国家学术刊物中的一份子,一直被视为衡量高校学术研究与教育质量的窗口。高校学报是一份具有科学性、创新性、实用性和指导性的学报,它具有探究教育规律、交换与累积教学实践、传播与共享、推进学校改革的作用。在新的办刊条件和新的时代背景下,高校学报必须对自身的功能、价值、地位进行再认识,加强责任感和使命感,充分利用自身的优势,走专业化发展的道路,以改革、创新的时代精神面对各种挑战。

第一节　高校学报的内涵与学术地位

一、高校学报及其在我国的发展历程

(一) 高校学报的称谓与定位

大学学报是高等学校举办学术交流、发布最新研究成果和为学校提供科研人员服务的学术刊物。学报经历了一百多年的发展，大致可以分为两种，一种是学院的学报，一种是专业性的刊物。大学学报是以综合型的形式出现，涵盖了所有的专业；而专业性的刊物，则是侧重于某个专业，以展现该专业的研究结果。

改革开放后，我国高校学报数量的迅速增加，说明了我国高校学术期刊的迅猛发展。但是量的增加并不能说明期刊的品质，这种迅速增加的速度反而阻碍了高校学报的发展，盲目地寻求发展而忽视学术品质的提升已是当今高校学报发展的常态。众多高校学报内容和形式大体相同，缺少创意、缺少个性，一种"以期刊而建"的心态逐渐脱离了我们最初创办大学期刊的宗旨，为高校师生提供服务的观念也逐渐淡化。

(二) 民国时期的高校学报

我国出现第一份学报到底是什么，学术界一直争论不休。有学者提出，中国的第一份高校学报应该是 1906 苏州东吴学院所办的《东吴月报》，但另一些学者却认为中国史上第一份真正意义上的学报应是 1915 创办的《清华学报》，也有少数学者认为是 1889 年出版的《约翰声》。

之所以会出现这么多的分歧，最主要的原因应该还是对学报的性质等方面定位不同。按照我们现在对高校学报的标准来看，像《约翰声》这类学报，虽然具有一定的学术性，但其宣传资本主义的优势，所以这类报刊显然不能称之为是我国学报的开端；其次，《东吴学报》创办初期，虽也出现了不少与相关学科关联的论文，但由于篇数太小，仅占据一半，其他则包括时事、丛书等，作用与现如今的高校校刊相仿，并不能真正起到高校学报的职能，因此也不能算是我国第一份高校学报。而《清华学报》不管是从办刊宗旨还是职能定位方面都与今天的高校学报相一致，故认为《清华学报》为我国高校学报的源头。

民国时期的高校学报具有鲜明的时代特色。这段时间发生的重大事件都或多或少的对高校学报的发展产生了影响。资产阶级改良派提出的改良思想，戊戌变法以后，康有为和梁启超等人开始了办报，并通过报纸来宣传他们的维新变法思想，其中较有影响力的报刊主要有《清议报》《时务报》和《知新报》等。严格地讲，这些报刊并不能称之为高校学报，但是却给高校学报的发展带来了一定的启蒙意义。在这一时期，涌现了一批以宣扬爱国主义新思想的高校学报，也在一定程度上为当时的学术交流提供了平台。在此期间出现的较为有名的学报主要有《清华学报》《燕京学报》和《中山学报》等。接下来就是 1931 年爆发的日本全面侵华事件，中国各大院校掀起了一场反对日本帝国主义的爱国运动，也在此情况下诞生了许多抗日期刊。例如上海交通大学学报《交大季刊》专门出版《抗日特刊》。还有一些学校积极为抗日战争贡献自己的一份力量，像安徽的《安徽大学月刊》，湖南大学的《湖南大学季刊》，等等。

（三）从 1949 到改革开放的高校学报

1949 年新中国建立以后，中国高校的学术期刊经历了一次短时期的发展，如山东大学 1951 年开办的《文史哲》，这是新中国成立之后较早出现的一份专业文学期刊，同时也涌现了很多其它院校的刊物。然而，这种情况并没有持续太久，一年后，由于政治形势的变化，开始对高校学术界进行打压，这使得刚刚开始冒头的高校学术期刊开始缓慢发展。

（四）新时期以来的高校学报

改革开放后，高校学术期刊发展迅速。1979 年至 1989 年期间，文献资料显示，国内学术刊物已增至 3600 余种，是国内学报历史上发展最迅速的十年，可以说是一个黄金时代。

特别是进入新世纪以后，科学技术发展迅猛，为实现高校学术期刊质量的跨越创造了良好的条件。在技术上的支撑下，高校学报越来越重视提高学术水平，特别是在引进了核心期刊评估制度后，为国家科学事业作出了巨大的贡献，同时也为新一代的科学研究人员提供了有力的支撑。

近年来，随着网络、新媒介的飞速发展，使得国内的高校学报都在与各大学术期刊进行了广泛的交流，建立了自己的网络平台，以便于师生随时阅读。这些措施对高校学报的影响力也起到了巨大的提升和推动作用。

（五）大数据时代的高校学报

高校学报可以说是一种传统媒介，近年来，随着"传统媒介的死亡"的兴起，高校学报也逐渐走向了衰落。由于高校学报都是小众的，所以发展的道路就会变得崎岖和不如人意。

很明显，各个高校都已经认识到了这种问题，于是他们开始与新媒介融合，与知网等数据平台建立了联系，并成立了自己的电子杂志，从而解决了目前传播受限的窘境。不过还有一个问题，那就是，尽管各高校都有意将学术期刊与新媒介相融合，但主要还是以纸质期刊的形式出版，一般都会把一份新的期刊编辑好，送到印刷厂，再把期刊电子化，再上传到网上，这样做不但耽误了学术交流的进度，还会造成极大的浪费。

所以，面对数字时代的浪潮，高校学报要逐步走向新型的"生产方式"，尽可能地实现信息的即时分享。一旦改变了生产方式，实现了"数字优先"的发行，必将对高校学报今后的发展产生新的影响。

以新媒介为基础的信息技术迅速发展，对传统媒介产生了极大的冲击和影响，而高校学报的发展也明显地受到了影响。这种震动不但给传统的生产模式带来了很大的挑战，也让人们的思维发生了根本的变化。

在新媒介还没有兴起的年代，"天下事"只能通过报刊杂志来了解；随着电台和电视台的出现，人们之间的交流已经达到了一个初级的程度，可以随时接收到消息。随着网络的普及，尤其是手机普及程度的提高，年轻人对电视屏幕的兴趣也渐渐淡了下来。这段时间，大部分人都是中老年人，他们的业余爱好就是看纸质杂志，年轻人的业余时间也都是零散的，很少有安静的时候。高校学报的受众也是如此，在新媒介的影响下，许多受众群体在消失。现在，没有人会怀疑未来的发展方向，因为融合传媒是一种新的发展趋势，但高校学报的发展速度却一直很滞后，并没有掌握好这种变化的发展速度。

虽然媒体行业的变革并不容易，但也有很多人愿意去尝试。很多高校都将自己的学术期刊进行了联网，只要登录到自己的网站，就可以看到自己的学术论文。然而，光有这些还不足够，在借助互联网提高自身的影响力的同时，还必须重视提高高校学报的质量与效益，比如通过互联网、数码技术来进行在线工作，同时还可以通过互联网进行编辑、审阅等。如此一来，就可以让一些校内外的专业人士，哪怕相隔千里之外，均可通过网络来进行审核，这样既可以节约不少的时间，也可以大大提高工作的效益。

在把高校学报的工作流程进行到数字化以后，就可以进行期刊的发行和出版，从而使高校学报的生产流程达到数字化。这是一种技术上的创新，也是今后高校学报发展的必然趋势。

二、高校学报的功能与属性

（一）高校学报的功能

高校学报是我国期刊的重要组成部分，历来被誉为反映各高校科研成果和教学水平的一个窗口。高校学报是一份具有科学性、创新性、实用性和指导性的学报，它具有探究教育规律、交换与累积的教学实践、传播与共享、推进学校改革的作用。此外，在增强校园文化的内涵、增强自身的竞争能力、为发展教育提供智慧支撑等方面，高校学报具有特殊的地位和功能。高校学报既体现了高校科研实力、学术风气、学术水准，又体现了高校思想、特色和人文精神。在新的办刊条件和新的时代背景下，高校学报必须对自身的功能、价值、地位进行再认识，加强责任感和使命感，充分利用自身的优势，以改革、创新的态度面对各种挑战。

（二）高校学报属性

作为学术期刊，高校学报是承载科学文化知识的特殊产品。但是，同其它商品一样，作为商品也会消耗劳动者的劳动力和一定的生产工具；它是作者努力工作的结果，也是编辑审阅、修改、整理、完善的结晶。在这种情况下，高校学报也具有商品的双重属性：即价值与利用。所以，高校学报也应该是在市场经济条件下的一种有形的行业，是一种公共的文化商品，如果没有人购买或阅读，就会丧失其利用和经济上的意义。而高校学报与普通的商品相比，更具独特性：作为科学文化的传播媒介，其神圣职责在于发掘、选择和传播凝聚着人们智慧的科学、技术、思想、文化和艺术。其应用的意义是通过对人类心灵的作用，引导人类的实际行动，把科学研究的成果变为现实。

为了更好的发挥其商品的作用，高校学报只有充分发挥其利用的功能，满足广大读者和作者的需要，从而拓展其生存的空间。而在国内，对于高校学报的特殊支持，可以成为学报进入市场坚实的经济后盾。作为高校的组织机构，作为高校的"窗口"，它为高校的教学和研究提供了重要的支持。高校学报要从社会、市场等方面进行变革，同时也要遵循教育发展的根本法则，保持学报的社会公益性质。高校学报特有的行业性质也决定了其具有进入市场和为大众提供服务的特点。

三、高校学报的学术定位

（一）展现高校的科研能力

高校学报是一个信息发布的重要媒介，它的首要功能就是发布最新的研究成果。为此，高校学报应始终秉承着为老师和学生提供最好的教育资源，将展现师生的研究成果作为自己的职责。

一方面，一所高校的科研水平也会对其期刊的发展产生影响。一般而言，一所高校的研究水平越高，说明该校的研究项目和研究成绩越好。为此，该校学报的优秀稿件就会越来越多，而这种质量的提升也会引起一系列的连锁效应，比如引用率和下载率的大幅度增加，就会在某种程度上扩大学报的影响力，从而使其学术地位得到进一步的提升。

另一方面，如果一所高校的研究能力足够强大，所出版的学报也会受到认可，在各个高校中都会有很大的名气，也会有一大群的忠实粉丝，在学术界也会有很大的影响力，从而可以从其他地方聘请到知名的学者。所以，高校本身的研究能力对于学报的发展有着举足轻重的影响，不少高校都会将自己的学报向社会公开，不但发表自己的文章，而且还会主动吸纳国内的一些好文章。不过因为各大院校的整体水平和研究水平都比较低，在学术上的影响也比较小，所以很少能从国外获得大量的高质量的稿件。

（二）彰显本校的学术品位

不同院校的学报有各自的版面设计和选择的准则，对于高标准的学术期刊，一般都会对期刊的质量进行严格的审核。而论文的质量是高校学报最关心的问题，它的好坏既会影响学报质量，同时也会影响到外界对该校的评价，这也是为什么各大高校都非常注重学术论文的质量的重要因素。而随着学术期刊制度的推行，各大高校的学报都会努力提高自己的学术水平。而不同的学院所走的路也是不同的，比如文科、比如工科、比如农科。所以，这些高校的学报，都会选择适合自己的专业，这样才能体现出自己的特色。

高校学报是国内学报的主要力量，它天生就是要为不同流派建立起一个平等、公正的联系。在没有电子杂志的时代，学术期刊最大的作用就是将一个学科内的学者聚集在一起，进行交流和沟通。而学术期刊则是一所学校对外的一个窗户，一所高校有没有学术氛围和品味，其所办的学术期刊就是一面很好的镜子。

(三) 搭建高校学术交流的平台

每个大学都会组织各种学术报告会，由学校内部的专业人士和国内外著名的学者组成，他们的报告会不仅可以让师生们了解到大学之间的最新进展，还可以听取来自世界各地大学的各种观点，这是一种促进学术进步和提高大学之间关系的纽带。高校学报既要体现自己的研究成就，又要注重与国外大学的交流。

我国早就提出了百家争鸣的政策，就是要让大学里的专家学者们互相交流，这样才能产生更多的新的想法，促进大学的发展。从改革开放开始，我们就不断地要求解放思想，而在大学、学术界等领域，我们给予了很大的自由度，让他们在竞争和整合中走上一条更好的发展之路，除了"争鸣"以外，我们还提倡高校学报要积极主动，不要局限于以前的传统，要寻找一条可以拓宽自己学报范围和影响范围的新路子。所以，高校学报也可以说是大学与大学之间进行学术交流的桥梁和平台。

第二节　高校学报转制与专业化的发展

高校学报的专业化，是指由一校一刊、封闭式、综合化向专业化、开放式、社会化的转型，它可以更广泛地搜集来自本校乃至全国、全世界的信息，更广泛地吸收本专业领域的专家、教授和学者的新研究、新理论、新方法和新成果，从而使学报的品质得到根本性的提升。

学术期刊的专业化，既包括学术内容体系的专业化，也包括学术领域的集中化。从整体上讲，还包括员工素质、出刊标准、装帧设计、读者服务以及出版业的专业化。学术期刊专业化是一个以学术为目的、以读者为目标，具有开放性观念、特色定位和内容专业化、产品流水化、产业标准化，并通过集团化发展、市场化运作的综合性管理体系。对"学术期刊"的涵义进行界定，将有利于对学术期刊进行专业的改革和深化。

一、专业化是高校学报发展方向

(一) 专业化学报的优势

1. 有利于刊物形成鲜明的特色

一种刊物不同于其它刊物的特点，就是它在一段相当长的时期里被加强和沉淀，在其自身的内涵和形式上具有比较固定的特点。而那些较有成就的刊物，基本上都有着自己独特的特点。比如美国《国家地理》，就以其与摄影的结合为特点。可以说，有了自己的特点，作者、编辑和读者之间就会产生共鸣，才能让期刊走上良性的发展之路。当前，我国高校学报存在着"千刊一面"、缺少鲜明特点的问题。而高校学报的编辑也在努力打破这种桎梏，力求在"办出特色"方面有所突破。例如，地方高校学报注重"地域文化"，而民族学院办的学报则致力于民间文学研究。然而，由于诸多因素的限制，这些专业期刊，虽然都有自己的特点，但一直未能取得实质性的进展。

2. 有利于提高学报的质量

学术期刊的质量与其学科的水准和编辑能力密切相关。为了改进学术期刊的品质，除了要尽量吸收优秀的论文之外，还要对其进行严谨的审查。一本专业性强的学术期刊，应尽量提升被人关注的频率，或者说影响力。如果大学里的人都不愿意将自己的好文章投入到学报中，那么，大学的学报怎么能够提升自己的学术水平呢？此外，如果高校开设专业性期刊，可以聘请专门的编辑，对其进行集中的训练，使其能够持续扩大自己的采编能力，杜绝外行编辑的现象，学报质量也会因此得到提升。

3. 有利于编辑专业化

专业化期刊可以聘请具有特殊专业背景的编辑，这样就能防止一位编辑在多个领域进行审稿，同时也能促进编辑的学术能力的提升。为此，高校学报的编辑应进行本专业的研究，并掌握一定的本专业技术。在这样的背景下，只要付出一些功夫，就能使编辑走上"学人"之路，并逐渐形成一支完整的、高水准的学人队伍，进而提升期刊的学术水准。

4. 有利于扩大学报的发行

目前，我国高校学报的发行数量普遍偏低，存在着很多问题。例如：学术期刊的重现性、重复性等，使人难以从中发现有用的资讯，而综合性质是影响学报出版的主要因素。

从订阅量上，高校学报的订阅者多为大学图书馆和综合研究单位等团体读者群，个别订阅者较少见。特别是近年来，由于互联网的发展，以及集体单位资金短缺，导致学报的订购数量大幅降低。要扭转这一状况，必须从现有的办刊方式入手，转变现有高校学报的大而全的办刊方式，按照自己的特点办好自己的专业期刊，这样才能为期刊吸引更多的读者。比如农学院办的学术期刊，它的主要内容是农林、畜牧、渔业等，在其读者群上，就不仅仅局限于学院、科研院所等团体来订购，而应扩大范围，吸引从事水产养殖研究的科研工作者、从事水产养殖的公司、农户以及水产养殖专业的大学生等来关注和订阅，这个数字显然是非常庞大的。专业性的学术期刊虽然面窄，但在特定的行业则是有一定的影响的，这样有助于拓展广告主，获得专门机构的资金支持，可以缓解期刊的一些资金问题。

另外，专业化还可以促进各类学术交流，加强与读者、作者的联系，并在自己的专业范围内拓展自己的学术影响。学术期刊的专业化使得期刊的受众和读者群体相对稳定，便于各类沟通。

（二）国内传媒业的发展趋势

进入新世纪以来，我国科技发展出现了"高度一体化"和"高度多元化"的两极化倾向。高度综合体现为高水平的差异性，而在现有专业的邻近的交叉区域中，出现了许多高级水平的横向和纵向的边界；这种高层次的划分也使得不同的学科和专业更加细化，不断向高、精、尖、深方向发展。在这样的形势下，我国的媒体行业也在进行着转型，抛弃了原本薄弱的行业，走上了专业化的道路，形成了鲜明个性和特色的专业性期刊，并在职业上进一步细分，针对不同职业、收入、学历、年龄量身打造各具特色的出版物。在当今的时代，随着人们的多元化、个性化和专业化的发展，传统的大众沟通方式逐渐淡化，从当前的媒体发展的方向来看，媒介的专业化和受众的多元化和个性化，已形成了一种必然的发展趋势，并获得了一定的成功。

（三）国际学报的发展潮流

当前，全球大部分的学报或期刊都具有较强的专业性，而且各专业的分类也日趋细化，并不像国内那样，各院校都要开设一种或多种不同的综合性期刊。国外的学术期刊，尤其是欧美等发达国家，以专业化为主，所选的高校学报亦属专业刊物。根据《清华大学学报》、《编辑学报》等刊物所刊登的关于外国学术期刊的研究报道，在海外大部分期刊都是受专业协会或出版社委托，聘请知名的学术权威人士为总编辑或副总编辑，其刊载的学术论文也是专业性较高的。港台高校学报的主流是专业期刊或其它期刊，而香港大学、香港中文大学、台湾大学和台湾师范大学，都是以科技、农业、医药等学院或系为单位主办的学术期刊或其它期刊。

从这一点可以看出，学术期刊的专业化已成为一种世界性的趋势，而且学科和专业越来越分化。我国高校学报的专业化发展不仅有利于与国际学术期刊的风格相适应，有利于与国外的高校开展学术交流，而且还有利于国内高校学报刊发的文章被国际上权威文摘刊物和检索媒体转载或使用，塑造我国高等学校及其期刊在世界上的良好形象。

二、高校学报专业化发展的体制性障碍

（一）管理部门对高校学报定位的影响

我国高校学报的专业发展历程举步维艰，这与管理部门对高校学报的定位有直接的关系。1978年，国家计委下发《关于办好高等学校哲学社会科学学报的意见》，明确指出："高校学报是一种以体现高校办学和研究成果的综合性学术期刊"，深刻地体现了高校学报的"综合性"特点。随着时代的发展，期刊的经营环境也发生了很大的变化。"2002年，国家计委发布《关于加强和改进高等学校哲学社会科学学报工作的意见》，明确

了高校学报的地位："高校哲学社会科学期刊是高等学校主办、刊登哲学社会科学研究论文的高层次学术理论出版物，是高等学校教学科研工作和我国哲学社会科学事业的重要组成部分。"高校学报已从"体现学校教学科研成绩"的目标转变，突破了以往学术期刊发展的"综合性"框架。但是，由于《意见》的变化，高校学报在发展的过程中，其整体发展的特点难以自然地发生变化，而传统的行政管理模式仍然制约着学报走向专业化的进程。

（二）高校学报管理体制的弊端

我国高校学报从创立之日起就一直是按事业单位经营的，至今仍未变，所有的经费都是学校承担，而编辑部门则无须再去计较费用、收入或发行数量，这样的"全包制"的经营方式，使得期刊的专业变革缺少了活力。期刊自身缺乏改革的紧迫意识，而期刊编辑虽然不能跻身于大学的高工资阶层，却也能过上安逸的生活。此外，目前我国高校学报尚未建立起激励创新的利益激励机制。没有一个明确的评价标准，学校很难对学报产生任何的直接的压力，学报的质量和效益对高校的作用不大，与编辑之间也没有什么紧密的关系，而市场的强弱对学报的发展并没有太大的作用。

（三）高校学报办刊体制改革滞后

随着我国出版行业的产业化、专业化、规模化、集团化、个性化、地方化、经营多元化，各行业之间的联系日益密切。以学报的发展状况来看，从过去的综合性、定位模糊迅速转向了明确的专业化，而现在的集团经营模式已替代了过去的各自为政的状况。在这样的大变动中，虽然有"名刊工程"、"名栏工程"和"精品期刊工程"等措施的出台和执行，但在一般情况下，能够真正触及期刊根基的期刊制度改革却是凤毛麟角。当前的高校学报体系已不能完全满足当前形势下的出版业发展，需要对现有的制度进行变革，从以事业为主的经营方式逐步转向以企业经营为主的经营方式，实现综合经营的目的。

三、高校学报转制与专业化发展的对策

（一）高校学报转制与专业化改革的条件准备

1. 宏观的政策保证

高校学报是我国的一份重要刊物，它肩负着促进学术科研、促进社会生产力发展的责任。必须从宏观层面给予保证，适时作出政策上的调整，转变观念，转变传统的经营模式，扶持高校学报转型，促进有实力的高校学报向专业化方向发展。高校学报的管理方针在高层领导下进行适时的改善和调节，尤其是在当前形势下，高校的教育改革力度和频率都有了显著提高。目前，中央的决定很清楚，没有任何的政治壁垒。深化改革要有明确的路线和时间安排。要把企业和事业分离，要进行新的运作体制等等。这些措施对于完善和优化高校学报，促进高校学报的转型和专业化发展具有重要的意义。

2. 主办单位转变观念

高校学报作为一种学术期刊，其主办单位的思想认识是高校学报能否办好的重要环节。王亚南，前厦门大学的院长，他说："要把一所学校办得好，首先要有一位优秀的老师，其次要有一座拥有大量藏书的大图书馆，三要有一份高水准的期刊。"主办单位的关注对期刊的存续与发展起着举足轻重的影响。然而，在其主办院校中，仍有不少学报处在"边缘化"的地位，难以将学报的工作纳入学校的工作议程，同时也无法确保办刊经费、人员、办公条件等。资金短缺是当前高校学报发展的一个重要问题，一些学报的办刊资金只能够支撑其出版成本，这就导致了学报必须通过收版面费来获得生存和发展。高校学报要想摆脱目前的窘境，首先要转变思想认识，认识当前的改革和发展的政策，以改革来解决问题。同时，作为主办方的高校，应加大对学报的投入和建设，完善学报的管理体制，努力提高学报的学术水平，使其屹立于学术期刊之林。

3. 做好人力资源的储备

编辑队伍的整体素质在学报的建设中占有举足轻重的地位。与综合类期

刊相比，专业化期刊的质量更高。首先，编辑和出版工作的专业技能是期刊编辑应具备的基础技能，既要掌握所从事的专业期刊的有关知识，又要有较强的科研水平；其次，"学无止境"是大家都知道的真理。因此，要学以致用、与时俱进，这样才能提升编辑的专业水准；此外，编辑还应具备敏锐的获取专业资讯、掌握最新学术动态和良好的沟通技巧的能力。为此，编辑部门应敢于进行人事结构的改革，并将其与出版物的职业属性相适应的人才调配到适合的岗位工作。除了原来的编辑，编辑室还应吸纳专业水平较高、对编辑工作充满热情的编辑人才。他们不但要对自己所学领域的历史、现状、发展态势了如指掌，对自己所学领域的权威和后起之秀了如指掌，在与他们打交道的过程中，要不断地获取最新的资讯，并且要有上进心，以"创建世界第一期刊"为宗旨。只有在学术前沿，策划和设计选题，发表高质量的论文等方面进行不懈努力，才能彰显自己的个性、能力和特点。

4. 有效利用网络资源

21世纪是一个因特网的时代，因特网资源丰富，联网广泛，信息共享，方便快捷，已是全球最大的信息资源。以互联网为主要特点的资讯科技的迅猛发展，必将把未来的世界变成一个网络化、数字化、"交互式"的资讯时代。纸质与电子化的共存，并且在与传统的出版业的较量中，必将获得最终的胜利。作为一种重要的信息来源，高校学报的发展已经越来越多样化，这就需要我们在知识信息时代和互联网络环境下，建立生存、发展和竞争的观念，并发挥网络的作用，推动我国高校学报信息的全球交流和发展。现在，许多外国杂志都开设了在线版，使其在发行上没有时间延迟，从而实现了由纸质图书为主到网上发行的转变。然而，在我国的电子邮件技术方面，国内的科技含量却远远落后，很多杂志仍处于电子邮件通讯的层次。基于互联网的出版模式，将极大地拓宽期刊的发展。为此，高校学报编辑室要充分利用大学计算机网络的硬件和技术优势，开发编辑部信息管理系统，为学报建立专门的网站，实现刊、库一体化，审、编、校、出版、发行一体化，以传播速度取胜。网络与期刊的同步发行，可以扩大期刊的公开程度，扩大期刊的影响。

5. 建立科学合理的评价机制

学术研究的成果大多是以学术论文、学术报告等方式呈现，而学术组织为了获得更大的利润，往往会将学术评估与其出版的期刊联系在一起进行分类评估，并没有建立起一套较为完整的评估体系，其评估机制也多种多样，包括三大国际标准的检索体制、影响因素评估、引用次数、同行评议、参考文献评定等。为此，各种期刊都根据自身利益为导向，选择了各种评估制度。从整体上讲，即便是对学科的研究，也缺少一个具有权威性的评估系统，更别提编辑标准、印刷标准等。因此，建立健全合理的评价标准和相关的监管体系，是实现高校学报摆脱目前窘境的关键。学术评估应当是长时间、多角度、多方位的，要根据专业情况，严格审核各种期刊和在期刊上发表的不同的论文。这就要求我们要充分听取不同的观点，进行深入的探讨，把定性与定量分析相统一，尽快构建出符合中国实际的科学、公平的高校学报评估体系。首先，评估单位必须具有较强的责任心，保证评估工作的科学性、公正性和典型性；同时，要建立一套科学、客观的评估指标，在期刊的经营中，期刊的主管、主办单位要有一个明确的政策和具体的要求，以扭转当前期刊评估工作中杂乱无章的状况，让读者有一个清醒的认识，从而为高校学报的良性发展指明方向。

（二）促进高校学报转制与专业化发展的策略

1. 树立科学的专业化办刊理念

学术刊物的诞生与生存是以学术为基础的，它的兴盛和发展是它的根本。"学术为本"是高校学报的诞生与发展，走向专业化的根本前提。然而，由于受到计划经济的制约，目前国内大部分学报均以一所大学为主，许多办刊人的思想意识比较薄弱，不把学术交流当作一种公共活动，而是以单位为主，学报变成了"自我经营的土地"，实行封闭的综合性办刊方式，不参加市场竞争，也没有对应的优胜劣汰的退出机制。"以人为中心"是导致高校学报走向封闭和停滞的主要因素之一。高校学报转型和职业化的变革必须遵循"以学风为导向"的办刊思想。学术期刊的学术水平，不在于它的创立者是否自我吹嘘，也不在于编辑们的努力，它需要得到同行、专家和公众的认同。所以，高校学报必须以"以学风为导向"，为广大受众持续地提供优质的信息资源，从而提高期刊的影响力，促进期刊的转型和专业化的发展。

2. 突破"校名＋学报"的命名模式

由于大学办学目标的不同，我国的高校学报大多采用"校名＋期刊"的形式。通常以学术论文的位置确定学术刊物的名称，这样简单的学术名称既不能体现学术的特点，又不能充分体现学术刊物的特点，不仅会对国内外知名学术刊物的收录造成很大的冲击，同时也会对其稿件来源产生某种制约作用，好像大学的学术刊物只是为学校的师生提供的。高校学报要体现本地区和本校的长处，要打破传统的局限，突出自身的特点，不要一味追求"大"。要实现期刊的专业化，就必须改变传统的命名方法，把高校的名字写在期刊的组织者中，把已经存在的特色栏目改为专门的期刊，出版的标题也要用一个特别的栏目来冠以，这样，高校期刊才会出现百花齐放、百家争鸣的景象。

3. 细分学报受众，确定读者定位

对杂志而言，受众是其独特的读者群。在报刊众多、市场竞争日益加剧的情况下，任何一类期刊都应有清晰的受众群体，以便更好地制订出相应的发展策略，以迎接新的时代的到来。要树立自己的特色、树立自己的品牌，必须找到正确的方向、发掘自身的潜能、开展深入的调研、对读者群进行分类、兼顾读者和创作者的要求，以适应各类专业的读者的需要。"技术大爆发"给从事本专业技术的科学工作者带来了巨大的困难，甚至有人开始怀念过去那个时代，在各个专业领域里，只有为数不多的刊物。现代社会科学的发展，一方面越来越专业化，越来越细化，越来越深入，越来越精细，越来越细致。尽管学术期刊仍为大学所承办，但其面向的不仅限于学校所从事的某一领域的教授，也不仅限于为某一领域的学术人员提供咨询，而应当面向的是来自于本专业的中外相关学术研究和有兴趣的人士；它刊登的论文，应该是该专业最新的理论研究的结果。对于任何一个专业的人，都是不可或缺的，因为它可以提高读者的订购率。因此，高校学报应承担这一任务，对读者进行从新定位，推动其跨越式的发展。

4. 立足于高校的特点来确定转变的路径

在这一改革进程中，具备一定的先进性，使之成为其它期刊的标杆，进而抢占主流市场。大学名牌期刊在一些专业领域具有很强的影响力和丰富的稿件来源，可以充分发挥其自身的特色，对具有国际、国内知名的专题研究，可准予发行多个专刊来扩大影响；而对尚未具备转型的、尚未形成显著特色的学报，则可以采用各种方式进行转型，在时限上保持较大的灵活性，可以与众多学报结盟，实现资源的整合，实现优势互补，创办一批专业化的学术期刊；或者，可以在一两年内，培育出一两家具有一定影响力的专业栏目，从部分专题到全面专题，或者临时采用半专报、半整版的形式，每年只发行一两期，逐步增加其影响力。当然，也不是说，其他期刊也不是全部都是综合期刊，很多期刊都进行了专业改革，各大期刊也开始多元化。

5. 政府主导型的联合办刊

走政府主导型的联合办刊之路，按照社会需求，按照科研发展的方向进行分工，突破学报的局限，以学科群为基础，与科研相结合，针对各校学报不同的发展状况选择联合的方式。要实行"双创"，必须由中央和省级出版局领导，制订相关的方针，进行综合规划和合理的组织。可以是大学之间的合作，也就是一些大学在同一专业的基础上，建立专门的学术期刊，以体现本专业的学术研究成果，从而缩短期刊的出版时间，并进行有效的整合。由于学术期刊中的高质量研究成果大多分布在不同的高校学报中，而很多好的学术文章则被国际著名期刊所引用，所以国内的学术期刊缺乏竞争优势。因此，为了加强对学术研究的"吸纳能力"，必须坚持"聚焦"，树立"特色"。除了高校之间的合作，高校还可以借鉴外国的先进做法，与专业协会、专业研究所、大学和企业、大型企业等进行合作。它既能为期刊提供持续的经费支撑，又能有效地把学术期刊的教学与科研结合起来。例如，上海外贸大学与世贸上海研究中心、东浩国际服务公司、上海市外贸公司等共同举办的《世界贸易组织动态与研究》（上海外贸大学学报）就是一个很好的例子，它的"WTO与中国"、"争端的化解"等专题都很有实际意义，其撰写者包括政界、商界、学术界的知名人士，极大地增强了期刊的社会效益和经济效益。

学校可以根据自己的具体条件，在本单位组织一些本领域比较突出的期刊，建立一条编、印、发一条龙的高校学报集团，从而实现期刊的专业特色发展之路，以求在市场上更好地存活和发展，并积极拓展与其外延特性有关的业务，拓展新的市场。这种专业化、开放性的期刊管理方式，不仅能聚集学术信息、吸引优秀的期刊，还能促进期刊的专业化发展，从而摆脱当前的窘境。坚持以国家为主体的联办方式，整合部分单位的人力、物力和资金，以提高期刊的整体实力和竞争能力，逐步走向专业化。以联办期刊为依托，组建跨地区、跨部门、跨院校的期刊，对期刊的发展具有重要意义。

（三）高校创办杂志社的设想

根据《期刊管理条例》，教育部与各省教育厅联合创办杂志社，并授予其独立的法律地位。可以根据出版社或出版团体的形式来进行，而杂志社则是实行企业经营的机构。

1. 杂志社的刊物定位

以期刊为中心，按照不同的分类，对期刊编号进行统筹安排。编辑部是期刊的重要组成部分，专业编辑人员与其它科研人员享受同等待遇。为了适应用户的现代化、信息化需求，了解专业杂志的网站运营模式，并对各种类型的学报进行数字化、网络化管理。杂志社主要面向国内外图书馆，科研机构，以及相关企业的联合订阅；将专业研究人员作为个人订户；为读者提供网络检索和下载。

2. 杂志社的组建

初期，可以由省宣传部、省教育厅、新闻出版等部门联合组建一个机构，并确定其管理机构。管理机构要把好期刊纳入合作单位，保持原有的期刊名称和版面，并对其他影响力不大的期刊进行适当的修改。借助现代通讯技术，期刊的纸质版和网络版共存，逐渐吸收符合条件的期刊进入杂志社。对高校学报进行评价，对部分不达标的学报予以关停，把期刊的资源转移到杂志社身上。这个办法可以作为一个先例进行尝试，如果有好的结果，可以继续；如果不行，就暂时停止。那样的话，影响会更少。如果说一个省份的学报改革步伐过快，可以按区域划分，也可以选择一些院校作为试点，通过专业化的方式，将其做成专业性期刊，在积累了一定经验的基础上，在全国范围内进行推广。

3. 杂志社的发展优势

组建杂志社可以彻底地改变学报的办刊模式，使学报的整体质量得到全面提升。高校学报独立经营，其收益不能完全补偿其经营费用，其社会效益和经济效益都很差。通过实行集团化管理，使期刊资源得到最优分配，可以从源头上减少期刊发行费用，增加期刊收益。在编辑工作中，每个人所做的工作都与自己所擅长的领域有关，既能促进编辑的专业化，又能促进期刊的整体素质的提升。

减少出版物的发行时间，加快出版物的发行速度。大多数高校学报发行时间比较长，一般是两个月或一个季度的，也有一个月的。成立了杂志社，不仅有足够的编辑，也有足够的稿件来源，再加上先进的通讯技术，可以大大的缩短期刊的发行时间。杂志社成立后，随着专业使用者的人数不断增多，出版物的专业化和出版物的数量也会不断增长。与原有的高校学报相比，杂志社拥有了集团性的特点，能够适应新学科发展的需要，有利于集中人力、财力和物力，运用新媒体技术，适时地开设期刊，提高其在国内和国际市场的竞争能力。以往的高校学报因受到各种因素的制约和出版技术的滞后，已不能满足信息社会飞速发展的需求。创办杂志社，实行集约经营，可以整合现有的资源，推广新媒体技术，提高期刊的传播效率，提升期刊的影响力。

（四）市场引导下优胜劣汰式专业化发展

1. 树立市场观念，转变发展模式

只要有用户，就应该有市场；只要有市场，就应该按照市场经济的规则行事。高校学报作为一种具有商品性质的文化产物，凝聚着作者和编辑的劳动，其价值只能靠市场来实现。否则，即便体现的学术理论水平再高，发行不出去，也就失去了出版发行的意义。如果高校学报仍然固步自封，死守常规，必然会被市场所抛弃。《高等学校出版体制改革工作实施方案》明确提出，要把部分高校出版社、高校期刊、期刊出版社转变成"以市场化为导向的出版社"。由于我国经济发展的需要，我国的科技类期刊已逐步走向市场，我国的出版行政主管机关也积极倡导以市场化的方式进行学术刊物的市场化运作。高校学报在面临着新的形势下，不能漠然置之，只有通过专业的变革，不断地探寻自身的发展规律，建立竞争意识、品牌意识和质量意识，从而寻找期刊发展的契合点，才能实现高等学校学报社会效益和经济效益的共赢。

2. 改革办刊体制，促进专业化发展

刊号放开。"一校一刊"实行"以校为单位"的刊名制度，也是造成期刊"同质化"的主要因素，这种旧模式已经难以适应市场化发展的要求。"放开刊号，让学术界自由办刊"，让市场自行评价学术研究的成果，才能顺应当今社会学术刊物的发展趋势和发展规律，真正有利于高校学报的专业化发展。学术期刊专业化的实践证明，没有这方面的改革和突破，就难以取得实质性的进展。

允许兼并。国外学术期刊发展的一个重要趋势是兼并、跨国经营，向规模化、集团化方向拓展。在当前的市场化趋势下，学术期刊之间的竞争是必然的。因此，要从政策上给予学术期刊发展的宽松条件，允许企业通过兼并重组等方式进行集中管理，从而实现学术期刊的资源重组和优化。期刊公司也可以通过改制、经营、发行等方式来促进期刊的发展。

改革评价体系。当前我国高校学报评估制度存在着诸多问题，如"学术期刊"存在着"以国外为主、以国内为辅"的现象。为此，大批的优质学术论文流入外国，造成了高校学报难以真实地体现出国内的科学技术状况和发展水准，而现有的不科学的评估标准又让学报人员焦虑不安。为此，对高校学报的评估应进行相应的变革，构建符合我国国情的、有利于高校学报可持续发展的评估制度与激励机制。

建立淘汰机制。当前高校期刊"只进不出"的运行模式与"适者生存"的市场法则相背离，使得现有的期刊资源很难被有效地分配。为此，要制定学术期刊的奖励与退出机制，比如，要建立评价机制，要有定期的评审机制。国家新闻出版主管部门结合现实条件，撤销学术水平低、办刊条件落后、编辑实力明显不强、自身发行规模较小的学报，使得出版资源流向优质高效的学报，使高校学报的结构得以优化，进一步推进高校学报向市场化、专业化的方向发展。

第三节 双一流高校学报的传播力

一、"双一流"高校学报传播力的理论框架

2003年，清华大学新闻传播系刘建明教授在他的著作中提出了传播力的概念，并对传播力进行了定义："传播力"是"媒体传播力"的缩略语，它是指媒体的力量及其搜集、报道新闻、对社会产生影响的能力。学术期刊通常采用影响与传播力来衡量，在某种意义上，学术期刊的影响可以从某种意义上体现出它的传播力，而传播力的提高则会促进其影响力的提升，从而体现出它的综合能力。

（一）"双一流"高校学报传播力的理论价值

1. 引领学术方向

"双一流"学报作为思想和意识形态工作的一个主要阵地，在改革与变革中，始终承担着传播正确的政治和意识形态的责任。"双一流"高校期刊在宣传前沿科研成果、宣传最新理论成果等方面扮演着举足轻重的角色。它不仅仅是自然科学的学术园地，更在于发挥传递高质量学术成果、引领自然科学学术方向的价值；同时它还建设了一个传播马克思主义及其中国化理论成果、党在新时代建设中国特色社会主义理论和方针等的思维高地。

2. 巩固学科建设

高校学报是以学科的研究结果为基础的，其主要作用是建立学科栏目，优先出版，宣传科研人才，巩固和培育学科建设。"双一流"的核心是专业，"双一流"高校要不断推动大学内涵式发展，必须坚持以专业为本、加强学科结构、健全学科话语系统、聚焦专业发展、掌握发展趋势，不断推动大学内涵式发展，向一流行列迈进。"双一流"期刊是"双一流"院校展现学术研究和学术成就的一个主要舞台，它可以采取邀请投稿、设立具有特色的、有影响力的专业专栏等多种形式来指导自己的研究，并充分利用学科资源，促进"双一流"院校加强其一流专业和优势专业的建设。

3. 助推成果的转化

"双一流"大学既是我国科技创新的发源地，也是我国科技创新的重要基地，是世界一流的科研教育基地。"双一流"院校为我国高校出版事业的发展起到了很好的宣传与交流的作用。"双一流"大学的学报能够为基础学科、重点学科、新兴学科以及跨学科成果的出版提供了良好的环境，为进一步的研究提供了学术资本、技术支持和品牌效应，"双一流"大学的科研水平、学术影响力和学术威望是提高学术成果传播质量的重要保障，促进了大学科研成果的产出、转化和传播。

（二）学报传播力提升对"双一流"建设的反哺意义

1. 推进高等教育的内涵发展

20 世纪 80 年代后期，随着中国高等教育的内涵发展，逐渐出现了与其相应的"外延"理念，即高校要转变传统的以"量增长"或"扩招"的模式，而要适当地转变为"以质量取胜"、"人才创新"来促进"教育"的"内涵"。近年来，随着高校规模的扩大和高校毕业生数量的不断扩大，我们迫切要求国家坚持以内涵式发展方式促进教育的发展。在实际国情的驱动下，我国提出了加快一流大学和一流学科建设，力求促成高等教育内涵式发展新的时代飞跃，这也从一个方面说明了"双一流"的重大意义。"双一流"学报的传播能力可以促使"双一流"大学通过优化内部环境，增强综合实力，培育强势学科，培养创新人才，实现规模效益，实现优质发展，促进"双一流"的发展，促进我国高等教育的内涵发展。

2. 助推高校科研水平全面提升

"双一流"建设是以学科建设为核心，注重提高科技水平，培养更多优秀的人才，为我国的高等教育和经济发展作出杰出的贡献。随着我国"双一流"的出现，高校学报将以一流学科和重点学科为依托，利用改革创新科研机制、调整资源结构等具体举措，传播更多国内领先、国际一流的优势学科成果，彰显一流学科地位，大幅提升了高校和学科的竞争力和传播力。

所以，"双一流"期刊在推动"双一流"院校的传播力的同时，也可以促进其核心竞争力的进一步提升，从而将其作为一种重要途径，将其作为我国"双一流"的重要组成部分，同时也促进了我国"双一流"的发展，促进"双一流"院校在其学科建设与科学研究的相互促进与良性互动中，进入国际一流大学的行列，从而达到"双一流"的终极目的。

3. 培育创新型优质人才队伍

我国的"以人为本"的战略，加强了高水平的科技创新能力，促使国家自觉地在国内培养和引进符合国情的专业带头人，并把大量的科技人员聚集起来。人才是大学发展的根本，而"双一流"大学的传播能力也离不开优秀人才的培养。所以，"双一流"大学要认识到人才的重要意义，促进大学在培育跨学科跨领域的人才团队、强化一流学科并延续重点学科的良好作用，对接国家战略，将学科建设和学校的发展目标与国家战略、人才需求紧密结合，使"双一流"人才队伍焕发出持续的生命力，为"双一流"的发展注入源远流长的动力。"双一流"院校在国内培育人才的同时，也要注重吸引海内外知名的优秀人才，以满足国际上的需求，为中国的一流大学提供优质的资源。

二、"双一流"高校学报传播能力的提升路径

(一) 发挥学术引领与思想文化引领作用

1. 发挥凝聚力，整合一流资源

"双一流"高校与其它高校不同，它集中和融合了大量的优秀科研资源和人才资源，所产生的学术成果本身就具有很大的影响力。"双一流"学报作为大学的形象和品牌效应，自然会引起各大高校等科研机构的积极投稿，以期获得在优质出版平台传播学术研究进展与成果的机会。所以，"双一流"院校要发挥学报的整体凝聚力和包容性，促进传播力的形成，形成跨领域的合作，增强相互的沟通与合作，建立起专业知识的联合，促进一流的学术资源的集成与分享。

2. 强化观念导向，引领一流学科发展

以传播优秀的思想和理论成就为宗旨的人文社会科学学报，就是要担负起传播正确观念、指导思想和意识形态的重任。"双一流"大学自身具有很大的传播力和影响力，在思想教育上要处于领先地位。所以，"双一流"大学学报要提高思想认识，强化办好期刊的意识，重视对学术研究的宣传；在保持政治基本原则的前提下，要强化对信息交流中存在的重要问题进行剖析和判断，并从科学的哲学视角来指导和传达更多的思想价值。

"双一流"期刊应该担负起中国乃至世界当代重要的理论与实践问题的任务，在今后的发展过程中，要注重扩大优秀论文的选择，使之从根本上讨论中华与世界的历史与现状，从回应时代之问的角度，引导一流的学术方向，为中国学术的未来发展指明方向。另外，"双一流"大学的期刊不仅要重视"一流学科"的宣传，更要坚持用"一流"的理念引导"一流"的学术取向；以大学英文和世界知名学报为平台，将我国的一流学科事迹向世界展示，向国际社会传播我国在科技创新领域所作出的国际化和贡献，发挥一流

学科专家学者在宣传中的主力军作用，加强科研工作者国际形象影响力的传播力度和辐射范围，实现引领一流学术方向的目标。

（二）提升一流学科成果影响力与宣传力

1. 依托学科优势，拓展一流学科宣传渠道

"双一流"高校学报是展示优秀科研成绩的门户，它的特色专业栏目建设要立足于"双一流"大学的学术优势、人才优势和专业优势，全面体现"双一流"大学在一流专业的优势和能力。"双一流"高校学报要立足于"一流学科"，立足于本校的优势，立足于优势专业、突出地方特点，充分挖掘自身的地域优势、人才优势、文献资源优势、研究优势，全面把握当前的科研动向，进而提出合理的选题方案和征文计划，加强一流学科成果的传播。除此之外，"双一流"高校学报还应该充分利用各种校内外交流的方式，以专家约稿、学科征稿、专题研讨会、座谈会、学术论坛等方式，充分利用学术研究第一线作者和学术群体的作用，结合学科发展的实际和前沿不断进行战术性、战略性、综合性、跨学科的选题探索，拓展学科成果的传播渠道，实现校内与校外传播的双重互动。

2. 创新策划栏目，提升一流学科学术影响力

高校学报从成立之日起就成为了一个学术交流与资源共享的平台，而在学报的设立中，学报的栏目更成为了一个信息传递与学科发展的窗口。在考察"双一流"高校学报栏目设置工程中发现，"双一流"高校学报的栏目设置存在交叉性和重复性高等现象，不利于提高一流学科的学术影响力。

为此，"双一流"学报必须明确期刊的目标，以栏目建设为突破口，明确栏目主次，聘用特邀栏目主持人，强化对一流学科栏目的宣传。同时重视栏目细分与栏目垂直领域的深耕，努力汇聚校内外与一流学科相关的科研成果，提高"一流"专业的学术传播力。在创意栏目上，复旦学报开创了一个独特的专栏，体现了时代发展的潮流，尤其是《域外新刊》，主要刊登对中国研究和研究领域有深入研究的知名学者的论文，并请国内外的知名学者为其撰稿，除了说明作者的背景和研究来源，还对论文进行了详细的评价。通过《域外新刊》，复旦中国语文专业的研究和研究能力都有了长足的提高，而复旦学报的传播能力也在不断提高。

（三）提高开放融合出版水平

1. 大力促进全面开放出版

当前，"双一流"学报总体上还没有为各个科研主体提供全面的研究和研究的全流程，从而对科研主体间的交流、成果的实现以及公共科研的发展产生了一定的制约作用。为此，"双一流"大学学报应充分吸取国内外著名学者 Wiley 等著名平台的成功经验，致力于推动开放科学的五个领域（开放获取，开放数据，开放实践，开放合作，开放表彰和奖励），为科研人员的研究和科学数据的发表带来最好的体验。同时，应扩大学科覆盖面，提高提供信息资源服务的能力和有效审稿服务的能力，着力打造具有强大传播力的学术期刊出版平台。

吉林大学的自然科学期刊已经实行了公开审稿制度，邀请广大作者、审稿人对其研究方向比较了解的专家、学者就论文的原创性发表评论，如果审稿通过，将会得到相应的奖赏，比如向某一位作者提交的论文，同样会在一定程度上给予相应的优惠，这极大地提高了期刊的公开程度，也为"双一流"学报的公开发行进行了成功的示范。在国外某些医学杂志上，稿件均是患者与专家评审，同时也是一位患者和一位学术主编，二者具有同等的决定作用。以上这些创新的开放出版实践，都为我国"双一流"高校学报开放传播提供了案例和典范。

2. 构建融合性全媒体出版矩阵

为了更好地适应媒体的整合与数字的交流，"双一流"期刊还可以利用微信公众号的形式，积极地利用新媒体增强识别度，以满足用户多样化需求。比如，用户可以通过输入日期来掌握某一时间节点或阶段科学研究主要领域和方向的功能，协助用户获悉和把握各时间段的科研动向，并为还没有参与到社会中的读者们创造一个自主的学习空间，从而提高他们的思维和判断能力。而"双一流"大学的期刊也可以借鉴国外的成功案例，通过微信的社会影响力来建立自己的学术社群，比如美国化学协会就建立了一个名为"问科学家"的网站，这个网站就是专门为某个领域的科学家们提供的。

在博客的构建上，"双一流"期刊可以提供比较基本的期刊文章摘要共享和 PDF 全文链接，同时还提供论坛预告、征稿启事等出版动态，转载与期刊发展关系密切的微信公众号文章、论文稿件等，还可以通过微博长图分享学术交流内容，为用户提供多元和方便的出版服务。"双一流"期刊还可以借助微博的独特方式，比如"超聊"、"主题"等，对某个专业的理论进行深入的讨论，构建一个良好的讨论空间，助力期刊对于社会热点等问题的选题策划，提升学术引领力，同时利用微博空间的影响力和圈层效应，提高期刊的知名度和传播力。

3. 创新融合出版增值服务形式

国外不少媒体网站都是以"合集"的形式来推动各学科之间的合作与交流，而国内"双一流"期刊也借鉴了这一新的出版服务模式。国际著名的科学开放学术研究中心，可以将各专业、刊物的研究结果集中在一个课题上；而美国开放科技中心所设立的 OSF 联合项目，可以将论文、实验材料、资料等与科研资料进行集成，有利于扩大科研流程的开放性，增加科研结果的可重复性；华东师大的《教育学》也推出了一项"文件夹"，它把所有学科的论文都集中到了一起。所以，国内"双一流"大学也可以通过"合集"的方式，突破学科间、期刊之间的隔阂，推动学术研究的全面输出，使所有人都能做自己的编辑，从而达到跨学科知识的多元化传播。

另外,"双一流"期刊还可以通过手机二维码技术,实现更加方便、快捷的期刊发行,提高期刊的传播能力。目前,国家的开放式科研项目已经启动了手机二维码,可以让使用者在论文中获得语音介绍、学术交流圈等免费的服务,还可以为微信提供论文模板和知识写作等相关的支付。浙江大学期刊还专门为论文特设识别码,即手机二维码,使用者可以随意下载论文、科研资料等,无需时空约束。手机二维码在为读者带来方便的阅读体验之外,也是一种方便快捷的信息传递渠道,既可以方便地将文档信息储存到云端,又可以通过网络进行资源的集成,还可以极大地提高期刊的传播能力。

第二章　高校学报编辑思想与精品化塑造

　　编辑是人类文化建构的社会代表。人类的文明建设不能脱离认知对象对客观事物的认知和思维结果，编辑按照特定的结构和规模，在特定的文化环境和时间条件下，对认知对象所产生的认知知识进行筛选，最终形成了人类的文明结构。因此，编辑是人类文明生存与传承的媒介。高校学报编辑作为编辑的一份子，通过对其进行思想与精品化的塑造，必将在学术精神构建以及其价值实现等方面产生重大的影响与现实意义。

第一节　高校学报的编辑思想及刊物特色

人们经常谈论在某某刊物上发表论文难，某某刊物上某一学科领域论文水平高，或某某刊物具有浓郁的地方特色；也就是说，人们普遍关心的只是刊物的特色，而对形成刊物特点的原因及影响因素研究甚少。作为学报编辑，不仅要关心各种期刊的权威性和特色，而且要研究期刊特色的成因，分析影响期刊水平和特色的因素，为提高期刊水平，形成期刊特色服务。为此，学报的编辑思想就显得越发重要。提炼编辑思想、突出编辑思想、发挥编辑思想，就成为彰显刊物特色的关键。

一、编辑思想及其内涵

编辑理念是体现编辑实践规律，指导编辑工作的理念、思路和原则。高校学报的编辑理念，包括编辑方针、办刊宗旨和发展的目的等，是由总编、编委在校党委的指导下，经过多年的编辑工作而形成的，是广大编辑共同努力的结果。

"方针"是"指导工作的方向和目的"。"编辑方针"就是"指引着编辑工作的方向与目的"。当前，我国高校学报应遵循马列主义、毛泽东思想、邓小平理论、"三个代表"和习近平新时代中国特色思想，把理论联系实际，把"百花齐放、百家争鸣"的思想统一起来，为我国的学术事业做出新的贡献。

"办刊宗旨"是"办报的直接目标与意向"，它与编辑政策之间存在着一定的关联，但不同之处是更加具体和直接。可以说，每个编辑室都有自己的"意图"，每个编辑室都有自己的"目的"，因此每个编辑室都有自己的目标，这就是编辑政策和不同部门的实际状况。比如广东省一所大学的学术期刊（理科），就清楚地表明，期刊是承载和积累科技思想、展示广东省和地区特点的一个很好的舞台。然而，在编辑与出版者之间，对于其政策与目标存在着不同的认识，有些人甚至将其归类为"编辑政策"。正如广东省另外一所地方性大学的学报（自然科学），其办刊宗旨如下：坚持"百花齐放，百家争鸣"，提倡学术自由、促进科学技术的发展；以广州为中心，为国家、为全球提供全方位的平台，展现我校的学科发展成就，并进行了国际学术思想的交换，以及国际上的最新研究动向；既要使期刊成为学校的重要学科基地，又要成为高校的知识型和学术创新的重要园地。二者的办学目标十分清晰，具有鲜明的特色。

"发展目标"是高校学报在今后几年中的总体或某个领域所取得的成就和影响力。比如被国内外知名的检索组织收录，入选国家重要刊物，或者被评为国家（部属）的优秀刊物等。发展的目的要科学、合理、与学院学科发展的目的相适应，要具备一定的现实可行性，同时还要具备激励的作用。只要本地高校学报始终坚持自身发展的宗旨，专注于提高期刊的品质，那么，它必将在近期内达到跻身"中坚"的目的。

二、高校学报的特色与内涵

（一）突出专业特色

从近期看，地方院校的总体水准是无法赶上名牌大学的，而期刊也是一样。但期刊应当开设与其所属专业相关的专题，追踪其发展动态，并积极邀请投稿发表学术论文，以展示其发展历史、学术活动、学术动态等方面的特色。比如工科高校在资讯科学、计算机科学、光电子与技术、建筑等方面具有显著的优势和特点，或在防灾与防护工程、应用数学、自然地理与凝聚态物理等方面具有较强的实力，高校学报就应全力去体现这些专业特色，以提升自己的影响力。

（二）体现地方特色

要对区域优秀的政治、历史、文化、传统和优势技术工业的发展模式进行深入的分析，使之不断发扬、不断创新、不断积累，并将其潜能和优势发挥到极致，从而彰显区域的特点。在高校学报中，既要突出区域的优势，又要突出区域特点，比如在期刊（自然科学）上，既要刊载各类学科的论文，又要定期开设"高科技商品展览会"，以发布最新的学术动向。目前，我国高校学报（社会科学）已开展了大量的工作，开设了地方文化、热点、危机处理等专题。

（三）栏目策划的特色

栏目的规划和编排是最容易展现总编与编辑的能力，最能反映期刊的特点。科技类刊物的专业性较强，标题不易更新，内容也不能太过华丽，而在栏目的编排上要有创新之处并不是件易事。在栏目的编排上要创新，需要对各个学科的整体知识掌握作为基础，以标新立异为手段，以科学化为标准，用心谋划，用心安排。

三、学报特色与编辑思想的联系

刊物的特色是编辑思想作用于编辑过程的产物，亦即编辑思想决定刊物特色，刊物特色反映编辑思想。这一点在理论上很好理解，在实际中也得到了充分的证实。主编和编辑只要有思想、有进取心，就能得到校内外的大力拥护，从而使期刊的质量得到提升和发展。

从编辑理念的制定到实现，期刊是否具有鲜明的个性，编辑特别是总编在其中扮演了重要角色。编辑理念（包括编辑方针、宗旨、发展目标）不是一个人杜撰出来的，而是由校党委、政府、社会各界人士的共同努力，按照校党委的总体目标和思路，在编委的多次研究和总结下形成的。作为高校党委书记与编委委员的纽带，编辑要充分利用编委人员的聪明才智，充分利用好编委工作的优势。

在实现编辑理念时，总编与编委发挥着关键的角色。在选题、组稿、栏目设置、征稿和审稿等方面，要对期刊编辑工作进行经常性的调研。

学术期刊要想做出自己的特点，编辑人员就必须承担起撰稿、约稿的职责，组织到优质稿源，并对稿件进行精心编辑，这样才能体现出自己的学术水平。同时，要通过设立奖励制度来鼓励高校把优秀的学术成果投入到学报中来。

四、学报办刊的途径选择

高校学报在坚持办刊的同时，也要寻求其他的突破。在这个领域，高校要给予一定的权力，给予大力的扶持，才能促进学报的发展。可以采取以下措施：

（一）提高编辑人员素质，优化配置内部编辑人员

编辑是杂家，对他们的工作既要具备广泛的专业技能，又要具备相当的写作基础和工作技能。因为编辑平时忙着看稿件，很难有进修的机会，大部分的时间和精力都花在了工作上，缺乏更新，思想落后，这对于期刊工作是非常有害的。所以，在编辑工作中要注重编辑工作，加强专业知识学习，注重与外界沟通。此外，要想有效地提升编辑出版工作的绩效，必须对编辑进行合理的内部人事安排。应该按照不同的栏目内容配备相应的专业人才，这样让各个专业的专业人士在不同的专业领域中独当一面，以免出现人力资源的浪费和一些专业人才的短缺。

（二）合理增加编辑的薪酬，发挥其潜能

编辑是学报的生命与灵魂，要想把学报办好，离不开编辑的辛苦付出。为此，就要不断改善编辑的薪酬待遇，使之安心工作，并发挥其潜能。

（三）对外文稿按一定比例或全部收费，以寻求期刊资金的突破

高校学报以其为学校的教学和科研为主，所以在内部进行稿件的处理时，一般都不收费。如果国内稿件的质量和数量上都有了很大的提升，外文资源又丰富的情况下，可以考虑向国外投稿收费。在这一领域，很多大学的期刊都进行了实践，并获得了良好的效果。

（四）张贴广告，群策群力，寻求资金来源

国际上的杂志市场显示，在市场经济条件下，杂志是最佳的广告市场，与电视广告相比，杂志广告更具观赏性和保存性，是一种美学的广告。出版是可以办到的，但困难在于它的出版数量和效果都不如报纸和电视，因此愿意在这个领域上发表广告的厂商非常少，因此必须充分发挥编辑的积极性，采取激励措施，适当登一些广告，增加编辑室的收入来源，以改进编辑室的财政条件。

（五）正确处理好社会效益和经济效益的关系

大学期刊作为"学术之地"，办学经费的获取仅仅是一种途径，而非其终极目的。所以，在获得经济利益的时候，必须重视其社会价值。这种情况下，期刊的文稿品质必然受到制约，只注重经济利益而忽视了论文的品质，这种期刊就会丧失其学术价值，沦为一堆毫无意义的乱七八糟的东西。在实践中，要妥善解决社会效益和经济效益之间的矛盾，最好的办法就是对符合质量的稿件进行适当的广告宣传，并使之更加透明。至于收费，一是学校要根据期刊的发展情况，保留一部分或完全保留。二是要建设以有偿方式为基础的信息网络。当然，要想赚取更多的收入，还需要我们的同仁们不断地探索和尝试。

第二节 高校学报的编辑意识

学报的编辑意识是一个多层次、多因素、错综复杂的体系。高校学报的编辑意识构成包括事业意识、社会意识、学术意识、创新意识、竞争意识、信息意识、前瞻意识和公关意识。

一、事业意识

过去"编辑无业"和"编辑无学"在国内已经形成了深刻的印象，而在高校则更为严重。在某些人看来，期刊和编辑都是无关紧要的，因为专家教授的论文，怎么可能会出错？又何必要学报编辑进行把关。

今天，随着社会进步和思想观念的不断变化，学术期刊在大学中的重要性和编辑工作的重要性已经逐步被人们所重视。但是要使期刊编辑在学校的各个层面和所有的教师心中建立一个正确的定位和成为一个高尚的职业，却不是一件容易的事情。因此，在高校学报的编辑工作中，更应确立自己的职业观念。要确立期刊的职业精神，就要以一种对期刊工作的热情，并为之而献身的精神，从而使自己的生命价值得到真正的体现。要建立职业观念，必须建立在三个方面：

第一，要明确学报编辑工作的重要性。学报是学校教学科研的窗口和阵地，是广大的教育工作者十分关注的地方。《北京大学月刊》是蔡元培先生一手创立的，也是他本人的主编。王亚南在解放前担任厦门学院的院长，创立了《厦门大学学报》。我们很难想像，当年要不是华岗教授对《文史哲》的重视，山东大学能走到今天这一步？就像陈从周先生在每年一次的学报会议上所说的那样："没有期刊，就没有大学，期刊是我们大学的最重要的学术阵地。从期刊上就能看到，你所拥有的学生，所培育的学生，科技的水准，以及科研实力的高低，都会在期刊上体现出来。"

第二，学报编辑要用自身努力，破除"编辑无业"和"编辑无学"的社会偏见。学报编辑既要精通编辑学，又要精通专业，既要精通一门学科，又要精通专业知识，既要善于学习，又要善于写作，成为一名学者。

第三，学报编辑要有奉献精神。作为学报编辑，要勇于奉献，敢于"顺其自然"，愿意"为别人做嫁衣裳"。"做了什么，就做了什么。"只要你喜欢，什么都可以做。所以，在编辑意识构成中，事业意识应该排在第一。

二、社会意识

　　作为当代世界不可或缺的一种职业，编辑与出版在积累和传播人类的科技文化、优化和增值方面具有举足轻重的地位。我国高校学报的发行规模虽不大，但其理论水平、学术水平和读者文化水平都相当之高，其对我国期刊的社会影响力也是不容忽视的，尤其是对我国高等教育的发展具有无可取代的作用。可以说，绝大部分大学的老师，都是靠着学术期刊而成长起来，并得到各级的职务。期刊编辑的社会自觉主要表现为：一是坚持四个基本方针、三个代表、三个有利于；其次，要为学校的教学和科研服务，为国家的教育和教育事业作出贡献；第三，优化和增值社会精神产品，为社会主义精神文明和物质文化的发展做出贡献。

三、学术价值意识

　　学术性是大学学报最根本、最显著的特点。学术质量在一定程度上是大学学报的生命之源。期刊编辑要树立正确的学术价值观，严守学报质量，使期刊的生命之树永远长青。

　　一篇学术论文必须要有新的素材或新的思想，否则就会丧失其生存的价值。而有些稿件，既不注重素材，又不注重视角。要么"炒冷饭"，要么抄别人的，要么抄教科书，抄笔记。做学问，不求精进，不求速达。那些为了职称"短、平、快"而写的论文，根本不可能有多高的学术水准。在进行学术研究时，要尊重前人的研究成果，在做一个专题时，起码要先知道前人对此问题的研究结果，然后对相关资料进行全面的把握之后，再进行发问，进行剖析，做出新的发现，从而写出有意义和有价值的学术论文。

　　做学问，要走在学术的前列；编辑既要坚持学术质量，又要立足于学术的第一线，要坚定地确立自己的学术价值观。

四、创新意识

　　"一个民族的发展，一个国家的繁荣，都需要不断地创造。"学术期刊也是如此,"创新"即反映了它的特点。学术期刊只有不断创新,用新的视角、新的观点和新的理论,方能适应新的时代和新的读者的"喜新厌旧"的需要。因为学术期刊常常成为新材料、新发现、新观点、新理论、新成果等第一次公开的重要阵地。要保持学术期刊新的内涵和风貌,必须树立起一种全新的思想观念,而编辑肩负的则是组织、选择、编审和加工稿件的任务。在这个过程中,每个阶段都要注重有没有创新,有没有独特,有没有突破。所以,编辑必须具备较强的创造性,以及思维的多维性、严密性和敏锐的洞察力。总的来说,"创新"既是"灵性"的"出生证",也是"优秀编辑"和"庸才编辑"的评判标准。

五、竞争意识

提高期刊的质量有很多途径,而如何增强期刊的竞争创新能力是期刊编辑工作的一个关键环节。积极倡导"争优"的思想,能促使期刊编辑们不断地追求进步,而不是仅仅停留在已经有的成就上。为此,需要期刊的编辑始终保持着积极主动、奋发向上的心态,扬鞭奋蹄方可产生持久的动力,从而促成期刊编辑质量与编辑效率的不断提高。但是,在以教育为主导的大学中,期刊编辑工作并不受人们的关注,而且"编辑无学"和"编辑无业"仍存在着一定的市场,这也是为什么校方不认可的原因。优秀教师、优秀教学管理人才,都是由相关的政府部门来评定的,还从来没有哪个政府部门,会亲自组织评出优秀的期刊。而在这个以官僚主义为主导的社会,就算是由国家期刊协会主办的评选,也没有得到校方的肯定。所以,要把学报工作列入或者归并到政府部门的统一的行政机关中去,不然就会沦为一个被人忽视的地方。

当前,各个大学的学报基本都是自给自足,没有任何生存的竞争;经费由校方出资,不需回收费用,不考虑投资效益,以内部稿件为主要内容,不限发行数量;它的存在,很大程度上是为了给学校提供教学和科研的"窗口"。当前的市场经济环境下,"弱肉强食"的现象并没有严重地损害高校学报的生存,但这并不代表所有的期刊都没有竞争。实际上,期刊的特色、质量、影响、文摘率等方面都或明或暗地孕育着期刊的竞争和创新。

六、信息意识

21世纪是一个信息化的世界,"信息"是决定人们生存和发展水平的最重要的要素。"资讯的独特之处,就是其附加值,资讯通过处理与使用而得到增值,呈现出整体的价值增长。信息化将极大地促进各个行业的生产力和经济的发展。"期刊编辑通过组稿、审稿、修改稿件、编排、付印、发行等过程,使得期刊信息在加工、利用、输出和传播中获得价值。所以,有必要加强编辑的资讯觉悟。

在外人眼中,高校学报的编辑是比较轻松的,但他们却不知道,要成为一位好的学报主编,需要广泛的参考文献、阅读各类刊物、报刊、阅读各种文摘、书报、目录、参加各种学术会议、与专家咨询、与作者商讨,以获得学术研究资讯,了解所负责栏目相关问题的前人研究成果、目前的研究成果和最新发展动态。只有如此,所编的文稿,方能防止低效的工作。但遗憾的是高校注重师资培训,而往往忽视了编辑的学习,因资金有限,导致编辑无法出席本应出席的学术研讨会等。

七、前瞻意识

《礼记·中庸》早已有了这样一句名句:"先做好准备,再做准备。"明代诗人朱用纯在《治家格言》中曾说:"宜在未雨时作好准备,勿在饥荒时挖井。"显然,有远见的远见不只是现代人的专长。古代的学者都是这样,那么,期刊的编辑就更不用说了。一本期刊的版面设定,编辑的组稿预约、定稿和排版都要具有前瞻性。这就需要编辑既要认识昨天和今天的学术研究,又要认识未来的学术研究;不仅要了解社会政治经济发展的历程,还要关注和了解当今社会的政治经济发展的动向,只有如此,才能在编辑工作中占据先机。

八、公关意识

高校学报的编辑工作从协助老师处理和修正论文的观点来考虑,他们不愧为"投稿老师";而在为教育、研究、"为人作嫁"等方面,他们都是真正的公务员。由于期刊编辑的工作是一种高尚的工作,也是一种繁琐的工作,还存在很多的小问题。因此,在稿件的政治观念和学术质量方面,也要让那些马虎的作者们检查一下,改正他们的错误。再加上编排,校对,一直到寄往邮政,如此,就把一份期刊献给了整个社会。同时,由于高校的学术期刊处于较低的位置,经费、编制、经济待遇、职称评定等方面都有一定的问题。

所以,高校学报编辑既要具备专业学者的工作方式,又要树立公关意识,学会和掌握公关技巧。这有利于学报的生存、发展和质量的提高。

第三节 高校学报编辑的精品化

一、编辑的主体性和学报的品位

编辑是人类文化建构的社会代表。人类的文明建设不能脱离认知对象对客观事物的认知和思维结果,但并非是全部认知对象的认知与思维结果都可以被纳入到文化结构中,而是要经过社会的甄别。而作为社会的代言人。编辑按照特定的结构和规模,在特定的文化环境和时间条件下,对认知对象所产生的认知知识进行筛选,最终形成了人类的文明结构。编辑是人类文明生存与传承的媒介。而在社会的分工层面上,编辑工作是以对作品进行编写为主要内容的。在编辑工作中,编辑主体的主观能动性是影响其工作效率的关键因素。编辑主体的全面、创造性、科学性和动态性是其基本特征。

（一）综合性思维是编辑思维的重要方式，编辑主体的综合性是学报精品化的基础

编辑活动和编辑思维是由披文阅读开始的，但编辑在披文阅稿中产生的思维，决不是一种单一的思维形式，往往是两种，甚至三种交织在一起作用。编辑处理文学艺术类稿件时，主要依靠形象思维，但不是没有抽象思维和灵感思维；在处理科学论文，特别是自然科学类论文时，主要靠的是抽象的思维，但不是没有形象思维和灵感思维。综合型的编辑注重综合的思维功能。高校专业种类繁多，人才众多，所发表的学术论文涵盖了学校的所有专业，而且所发表的期刊范围极为广阔；在科技迅猛发展的今天，新兴学科、边缘学科、前沿学科、交叉学科应运而生，并迅速发展起来。因此，编辑要"苦练内功"，拓宽学风，提升自身的综合素养。一个专注于某一领域，专注于纯粹的学术论文的编辑，在某种程度上，是一个不合格的编辑。它不仅无法适应新时期的发展，而且也会影响到学报工作的效率与速度；而"万金油"型的编辑，虽然包罗万象，但水准不高，势必会影响期刊的质量。高水平期刊所要求的编辑不仅要具有专业知识，而且要具有广泛的知识库。"学术编辑"指的是知识渊博，而非只是一个专业。学报编辑在组稿、审稿、栏目编排等工作中，除了要充分体现各专业的科研成绩之外，更要注重突出自己的特色，以推动各专业的学术水准不断提升，从而确保学报的质量。

而编辑思想的综合作用也体现在与作者的思想进行相互补充上。其互补的实质是"质"的补充，也就是思想品质的联合。如果是一个专业的人，那么两个人的思想合作就会产生新的突破，或者更深入，或者是横向发展，从而达到一个平衡。此外，编辑思想与作者思想之间也存在着相互促进的关系。在编辑和作者的交流中，如果两个人的想法不能达成共识，那么他们就会互相争论，然后思考，最终得到一个全新的、超越的结论。编辑和作者之间的信息沟通愈顺畅，思想愈开阔，互动能力愈好，整合思考愈发达。学报的精益生产实质上是对学报品质的不断拓展，而编辑工作本身就是要在现有的基础上不断地改进科学研究的结果，从而达到最好的结果。因此，编辑和作者之间的交流与协作就变得非常关键，因为编辑可以根据自己掌握的学术动向和资料，对稿件的内容进行改进；编辑也可以对文本和文本的逻辑性加以处理，以达到更加完善、严谨的目的。编辑与作者的协作，实质上是"学术型"与"学术型"的互为补充与促进，这一进程与学报的品质有密切的联系。

（二）编辑思维是一种创造性思维，编辑主体的创造性是学报精品化的前提

编辑工作是一项具有创造性的智力工作，而"为人作嫁"则体现了编辑的思想情感与职业伦理。编辑在编辑过程中，无论是汇集、整理、审阅、加工、修改、注释，都是编辑们创新思考的结果。编辑创新的思想主要是从总体设计、编辑构思、选题组稿三个层面上进行创新，例如办刊理念、策划内容、版式与四封设计、栏目设置、发行策划等等；也就是在审阅了一批稿子后，按照刊物的宗旨、原则和主题的选择。编辑思想的创造性体现在编辑加工、编排和装帧设计等创造性的工作中，它是在稿件的内容上实现创新与科学性统一，表达上实现精确性与简洁性统一，语言文字上实现生动性与逻辑性统一。按照"三统一"的要求，进行编辑处理要经历三个阶段：一是技术上的处理，即：规范的形式、规范的字符标准；二是文字处理，即对文本中语法错误、修辞错误、逻辑错误进行修正；三是证实性处理，就是对论文中的概念、原则、定义、数据、人物、事件、时间等进行真实性和科学性的验证。这三个环节，都是必须的。它的编辑加工，既体现在对单篇论文的处理上，也体现在将个别、杂乱、分散的论文进行创造性的加工，形成整体的、有序的、富有效益的精神产物，并由此产生社会与经济的双重意义。

创造性包含了创新，创新的特点就是别具一格，别有一番风味，他们都是科研人员的生命体。学报要实现精品，就需要以"创新"为先决条件。高校学报与其它各类期刊的区别在于它对学术的高度重视。唯有创新，吸收了具有创造性的科学研究，为精品性学报的发展铺平了道路。高校学报要想突出自己的特色，就要结合自己的专业和学科优势，将自己的研究成果集中起来，形成自己的影响力。与此同时，高校学报还可以根据自身的地理特征，将自身的区域文化优势转变为自身的优势。

学报原创与特色化的主体是编辑，创意是观念，是由内在到外在的创造性特征。在思想上，编辑应树立创造性的思想，并将其作为一种思想形态，自然而然地表达出来；革新也是一种信仰，一种品质，一种坚定的精神品质。在思想层面上，编辑要树立创造性的观念，并将其转化为思想的动力。如此，才能使编辑在办刊理念、栏目设置、技术处理上具有创造性。只有这样，高校学报编辑才能及时地发现和支持新的科学思想、理论和方法，并敢于把这些新思想、新理论和新方法拿出来；只有这样，高校学报编辑才能在网络时代，更好地运用现代化的资讯科技，勇敢地走上资讯的高速路上，让全世界的读者来审视和评价。

（三）编辑思维的科学性是编辑素质的重要表现，编辑主体的科学性是学报精品化的关键

编辑思维的科学化体现在对论文的分析、评价和选择等方面，特别是对学术刊物的编辑而言。一个编辑的科学思考能力常常通过选题、组稿和审稿等方面体现出来。选择题目能判定一个编辑的整体科学视野；论文内容能判定编辑对主题的掌握程度；而审稿人又能判定一个人的科学性和真实性。编辑的作品不能以自己的观点为基础，而应以"舆论"的名义进行，应根据社会对论文的学术性质的需求来对待。但是，应当指出，一种新的科技观念，在其产生之时，因其结构不够严谨、不够完备，因而很难得到学界的重视与学习，更无法为世界所接受和普及；而在某些已经确定了的科研领域中，可能会有新的思路，也可能会有新的突破，但却很容易被忽略。作为科技成果的主要媒介，学报的编辑既要处理好科技的问题，又要担负起去伪存真、从浅到深、由旧到新的转变的关键性工作。

高校学报以揭示真实的事实为使命，以严密的逻辑性为特色，对学报的科学研究提出了特殊的关注。高校学报刊载的论文不够严谨，将会影响其存在的根本，更遑论学报成为精品。为此，学报编辑应积极倡导科学的精神，以深刻的热爱和憎恨虚假的事实作为自己鉴别和选用论文的意识形态依据。与此同时，要加强自身的科学认识，正确辨别"真"与"伪"，以避免和消除"伪科学"污染学报，使学报真正倡扬"科学"。学报的编辑工作的科学化也体现在审稿与定稿的客观性上，不能只凭自己的主观评判，而应遵循客观的事实与社会的规范，避免"人情稿"和"关系稿"的产生，从而保证学报的学术品质。

而科学的编辑也具有一定的学术价值。高水平的论文，主题明确，新颖，知识底蕴丰富，写作程序严谨而不拖泥带水，其结论具有指导性和实用性；高水平的论文，以理而不以力欺人，使用数据可信但不胡编乱造，语言简洁而不矫揉造作。因此，在选择和发表论文时，应该抛弃"跟风赶浪"的应景论文，拒绝刊登"剪子和浆糊"写成的东西，不要发表没有专业性和学术价值的东西。只有这样，才能提升学报的学术水平，促进高校学报高质量的发展。

（四）编辑思维的动态性是编辑水平不断进步的必要条件，编辑主体的动态性是学报精品化的保障

编辑思维具有动态的特点，也就是其思想发展的体现。第一，作为审稿人，不要把自己的思想局限起来，要按照自己的思路去思考，从而把自己的思想发挥到极致。这就需要编辑在阅读论文稿件时要集中注意力，这与读者的阅读完全是两回事。当读者阅读到质量差的论文时，可以直接把它扔掉；而编辑就不同了，不仅要搞明白这篇论文的思路，掌握它的真实性和价值，还要从一大堆的废话中去挖掘出思想的火花。有的时候，作者在讨论某一问题时，往往会写到这里，或者仅仅触及到问题的表面，而这个时候，就必须要有编辑的帮助，顺着他的思路去引导，从而加深和提升问题的深度。

而在思维动态上，也体现在对时代发展的顺应和观念的更新上。随着信息技术的飞速发展，各种信息的大量涌现，使学术刊物在编排、信息收集、信息处理等方面发生了翻天覆地的改变。深入了解当今世界，是学报向精品发展的关键。科技的飞速发展，最直观的结果就是科技知识和文化信息的迅速增长。在信息化社会中，人们必须关注其功能与时间，同时也必须关注如何加快信息的传递，以及利用现代信息技术。所以，从事科技文化信息搜集、整理与传播工作的学报编辑，如果继续安之若泰，对时势的激荡没有丝毫的触动，对其仍然保持着原有的工作模式，则是一种落后的表现，不但自己会被时代所抛弃，其负责的学报在学术品质上也会走向死胡同。

另一方面，在现代信息化时代，期刊的编辑往往选择和处置某些具有重大意义的学术成果，这既具有很高的社会意义，又需要很强的编审能力。通常情况下，每位作者都会尽量在自己所擅长的或所熟悉的专业范围内去挖掘，但作为一名编辑，总会有很多不太熟的地方，人的三大局限（时间、空间、知识）在编辑的身上体现得尤其明显。在面对无法正确理解其科学性与学术意义的论文时，不能轻描淡写地对待，不要只从其语言表述上忽视其内涵，也不要将其置之不理。在这种情况下，高校学报的编辑只有不断地革新自己的知识，不断扩大自己的知识面，不断地充实自己的知识库，进行动态的编辑。只有如此，才能在激烈的市场中始终保持自己的优势，不断提升学报的知识和传播的速率，让学报真正成为某一领域的领先者，成为文化的精品和具有实用价值的物质产物。

二、编辑的定位与精品的培植

（一）编辑的定位是培植精品的基本条件

编辑要有渊博的知识，应当成为一位博学的专家。作为学术期刊的编辑，如果没有广博的知识和经验，是很容易闹笑话的。例如，在史料中，出现了大量的年号、事件、人物，尤其是古代文字和古代汉语的使用，若没有深厚的历史观和汉语功底，是很难进行编辑的。此外，法律、民族等专业性很强的文章，在思想方面，都具有很强的创新性，但在叙述方面，不够精确，也不够熟练，在编辑这类稿件时，编辑既要保持原文的原汁原味，又要理顺其内在的逻辑性等。所以，编辑不但要掌握自己的专业技能，还要有广博的学识。

新闻社历来重视对民族问题等文稿的审查,这关系到整个国家的稳定。编辑若不了解国家的方针和政策,就容易忽视某些敏感的问题,从而损害国家的形象。为了确保论文的安全性和高品质,编辑必须要专业化,要有一个比较稳定的专栏,所写的论文要符合自己所熟知的领域,这样既可以方便地整理稿件,又可以掌握该领域的最新进展,还可以确保稿件的品质。一个编辑室,自然不能囊括各个领域的专家,

但是,根据不同的人,制定不同的栏目。如果是不熟悉的学科,可以在短时间内请到相关的专家和学者,然后让编辑负责,而负责的编辑则要尽可能地学习一些基础知识,并向专家学者讨教,以便更好地满足自己的需求。

这样既可以有一个稳定的专家学者群体,又可以让大家更多地知道他们的学术成果,还可以充分调动编辑工作的积极性。比如编辑可以分阶段策划、论证出有时代性、有指导性、有实践性、有社会影响的优秀的选题,或者请一些专业的学者来做系列化、专题化的深入探讨,这样有组织有步骤的策划自己的栏目,更容易编出精品,更容易在栏目上创出品牌。编辑从一开始对稿件的消极处理,到现在积极进行选题策划,说明编辑的工作方式发生了变化,即编辑没有坐以待毙,而是给予种子,负责收获。作为高校学报的编辑,通过这种方式,他可以向有关的专家咨询相关的专业知识,这有利于快速提升他的编辑能力。

选题的好坏,决定了编辑的眼光。编辑应根据自己的专长和自己所熟知的专业来确定选题,这样编辑出来的作品才能离精品不远。

(二)编辑的基本素质是培植精品的保证

对于编辑的品质,专家们曾有很多意见。有些人觉得,编辑应该学习中文,具备扎实的文字功底;有些人觉得,编辑要有政治素质,要能坚守自己的底线和原则,要做到公正;有些人觉得,编辑要做到专业,而不是以学习中文而自居。不论如何评价编辑的品质,优秀的作品就是最佳的答案。要想成为一名优秀的编辑,必须要有下列 5 个方面的素质和能力:

1. 敏锐的政治眼光

编辑工作不仅要编得好，还要有政治敏感度，要有政治觉悟，要掌握好党的路线、方针和政策。一切文章都要按照这个大方针来编来写，既要有新闻敏感，又要注意时政，要注意党和国家的新计划和政策。尤其是在改革开发和快速发展的社会中，更要善于把握要义，做到头脑清楚，分清是非，把握方向。比如，在我国56个民族中，要解决好彼此的问题，就需要对民族政策有深刻的认识，而编辑工作就是要做好这一工作，对与国家民族政策提法不一致的地方，要进行及时的改正，不然一旦刊出，将会给编辑工作造成很大的影响。

培养编辑的政治嗅觉和敏锐意识，有两个重要的因素：一是要有一定的政治理论素养和能力。无论从事何种领域、从事何种职业的编辑，都要认真学习马克思列宁主义、毛泽东思想、邓小平理论、三个代表的重要思想、科学发展观、习近平新时代中国特色社会主义思想以及党中央的各项方针政策等，这样就不至于迷路。二是要从现实出发，观察社会，研究社会问题。要根据不同时期的情况，对不同时期的问题进行科学的研究，并在不同的场合或私下里，向从事制定、组织、管理、实施的研究工作者咨询。多查阅各类报刊杂志和网上的资料，让自己心里有一根"秤"，来衡量论文的价值，并根据对论文的看法，把好审稿的第一道关口，也就是政治。

2. 崇高的编辑职业道德

每个行业都有其自身的职业道德，比如在市场上的公正交易、不缺货、不掺假等等。同时，对编辑的职业道德也有一定的规定，比如：对待投稿人要一视同仁，不要以身份、名誉为标准。在选择稿子时，如果一个编辑能够以一种客观、公平的态度来看待它，它就会变得更加的优秀；如果编辑抱着一种显而易见的自私倾向，则对稿子的处置是不公道的。编辑的职业操守还规定，编辑要根据投稿的先后次序，不能见朋友的稿件就直接使用，不认识的就扔到一旁，或者直到真的没有熟人的稿子可用才随便用上一两篇。有些论文发表时间的长短对论文所产生的影响有着重要的作用。比如，关于旅游策划的专题和实证的探讨，在旅游发展中具有很大的实际意义；在西部大发展中，部分项目选择的时间也非常紧迫，为国家的决策提供了建议；像云南烟草业、环保行业研究等时效型研究，如果不能适时采纳，在政府政策制定阶段或发展阶段就会失去作用。

要写出好的论文需要花费大量的时间和精力，有些人的基础比较弱，写起来会很辛苦，浪费大量的时间和精力，却无法写出好的论文；有些人思想很活跃，但是他们的论文逻辑性很差；有些论文是新颖的，但是没有结构。总而言之，各种古怪的论文，有些可以被编辑修改后发表，有些却成了"朽木"。无论如何，编辑都应该给出一个令人称心的答案。若能修正，请指出如何修正，并建议修正建议；如果不能更改，那是因为什么原因？请作者改写或改选题目。若能获得一个令人满意的回答，将有助于日后的学术研究。特别是一些大学生、研究生，如果论文发表在学术期刊上，将会激励他们继续努力。如果他们的论文一开始就像是一块石头，投在水里无反应；或者彻底地被否决了，那么他们就会对写作感到反感，甚至于终生都会有负面的影响。由此可见，编辑的职业道德很关键，在采纳稿件时，要根据来稿的先后顺序、时效性等因素进行选择，不得带有任何私人利益或偏颇。因为，有些时候，一篇文章就能改写人生。

3. 精准的判断能力

学术期刊的编辑可以充分利用自己的专业知识，快速地判定自己所熟知的领域内的论文的可用性，不至于犹豫不决，含糊不清，毫无主张。学识和判断是编写好论文的关键。一篇论文的好坏，并不是因为它有多么的花里胡哨，也不是说它的流利，更重要的是，它是不是有了新的思路，是不是在学术上有什么突破，或者是有什么新的见解和理论。有专门技能的编辑一看就知道是跟风的，或者是用"剪刀加浆糊"的"杰作"，就可以一目了然，不会在枯燥乏味的论文上费心费神，也不会对伪学术和赝品进行精确的甄别和筛选。在一篇已经很好的论文中，进行一次修改，既节省了时间，又方便了作者的创作，尤其是通过对某一领域的最新理论和最新动向的了解，很有可能在公众中引发共鸣。

比如，一个擅长经济学的编辑，可以轻松地修改经济学的稿子，但让他去写一本历史书,他却很难写出来。不过,这些文章到了历史学家手里,就变得容易多了,什么流派,什么理论,一眼就能看出来,是古文的堆积,还是对史书的考证。因此,在编辑学术论文时,有没有专门的知识和研究很关键。如果没有专门的知识和研究,对论文的好坏要进行判断是很难的。

4. 较强的写作能力

编辑的写作基础和写作技巧是编辑工作的基础,也是每一位编辑必备的职业技能,没有这一项技能,就无法胜任编辑工作。一个没有写作基础、语病百出、错误百出的人,是不能胜任编辑工作的,应调换工作岗位。

编辑的首要工作就是对文稿进行精练和仔细的修订,尽管不要求每位编辑都有优秀的作品,但具备相应的写作水平,这就成为了编辑工作的根本。编辑既要立论正确,逻辑严密,删繁就简,遣词用词准确无误,纠正所有错误。所以,编辑对文字的章法、逻辑、修辞等都要求严格,不但要把整篇论文的核心内容总结出来,要把"摘要"的内容整理出来,还要对论文的内容进行分析,找出论点和论据之间的关系,特别要注意论证的运用。编辑处理的论文应当具有主题明确、论点清楚、引用精确、论据充足、组织严密、语言流畅,无语法、修辞、词组和标点符号错误等。另外,在编审时,撰写一份论文的题目是检验编辑能力的一块试金石。题目要简洁、精确,并具有很强的凝聚性和概括性。一篇好的论文,配以好的标题,就是一部好作品。

语言技能的磨砺并非一蹴而就,还需要经过专门的培训和自身的磨砺,作为一名编辑,要做到这一点,就必须要多看各种类型的文章。阅读文章,不能像一般人阅读那样,只读"情节",要注重写作方法、用词的方法、语言的精确、语法修辞、文章章法、逻辑性等,这些都是提升写作能力的根本。要努力学古汉语,多阅读和背诵古代诗词,注重日常生活中积累的民族语言的精髓,对于提高自己的书写水平和

创作也有很大的作用。编辑工作的风格是迅速、果断、严谨,严谨是编辑工作的关键。每一位编辑,不管是编稿、改样、读样,都要仔细地去处理每一个观点、每一个例子、每一条数据、每一句话、每一个标点符号。

5. 广泛的知识和知识的立体化

编辑的水准，既是职业素养，也是"博学多才"的表现。因为现在的文学已经不像古人所说的诗是诗、歌是歌、文是文。现在的文学作品风格多样，不仅包含了汉语、史书、诗歌，还包含了外国语言和数学计算的数学公式等，这就需要广泛和多维的知识。在现实工作中，编辑不会说："我写的是旅行稿件，经济方面的内容由经济编辑来做。"在当今的时代，各专业之间的交叉关系日益凸显，论文的结构与内涵也将由两门或多门的结合或合并而成，若不重视跨学科的问题，缺乏专业技能的提升，将在飞速发展的时代中被迅速的淘汰和消亡。因此，编辑应在不断地把握自己的学科特征和规律的同时，虚怀若谷地从各个领域获取知识，在广泛的知识和立体的知识架构下，不断地钻研，争取既做一名"专家"，又做一名"杂家"，从而提高自己的学术水平和写作水平。在当今全球经济一体化进程中，编辑还应努力多阅读外国学术期刊，并从这些期刊中吸取营养，从而提升自己的专业素养。

（三）编辑精湛的专业知识是培植精品的关键

高校学报编辑在做好自己工作的同时，还要对自己所擅长的领域或所熟知的领域进行一定的研究，并通过自己整理、研究或思考的方式，向资深的编辑或学者请教，久而久之，自己就可以快速地提升自己的专业技能，从而使自己也能在该领域内称职。这种编辑的素质是培养优秀人才的重要前提。

光靠扎实的语言基础和渊博的学识，是不可能写出好的、专业性强的论文的。而要成为本专业的专业人士，不仅要有一定的理论基础，而且要参加各种学术研讨会，以获取最新的信息和最新的研究成果。比如，从事法律类学术期刊的编辑，不仅要认真研读各种法律、法规，还要对新颁布的法律、有争议的问题及时地掌握和理解；不但要懂得国家体制的法规，甚至于民族习惯法和国外的一些有关的法规都要了解。这样，在编辑这样的论文时才不会被一些模棱两可的观念弄糊涂，不至于手忙脚乱。又比如，从事民族类学术期刊的编辑，要懂得民族的划分、渊源、主要居住区域、生活习惯、婚姻家庭结构、经济状况等等，这样，就可以避免在编辑的时候，胡说八道，以免在不知不觉中犯下低级的错误。要想预防，就要做好准备。有了职业水准，有了专门的栏目，有了专门的专业编辑，有了自己的特点和品牌，就相当于"筑巢引凤"，高质量的稿件就会自动送来。

编辑这项工作是个多面手，不像记者，只要抓住了报道，把文章拼凑起来就完事了；也不是那些只需要将自己的成果总结成一部巨著就能搞定的学者。编辑工作是在拥有上述两个条件的同时，再配合着编辑特有的专业素养，形成"三合一"的知识库，来实现这项看似简单，实则极为复杂的工作。然而，在很长一段时间里，相关单位对编辑的工作和角色都没有给予足够的重视，对其地位的认识也不够深入，对其角色的界定也不够清晰。这些名不见经传的编辑，为了推动文化事业的兴盛，为了保护精神商品，他们在工作上下了很大的功夫，他们从不计较自己的得失，从不知足，勇于创新，勇于变革，勇于进取，坚决抵制劣质的文化，并以自身的能力和全面的工作，将更多的优秀作品献给社会，造福于更多的人民。

作为一份崇高而神圣的工作，编辑的工作是一项无可取代的、具有崇高地位的工作，它必须受到整个社会的尊敬和关注。随着社会的发展和进步，人们对编辑工作重要性的认识越来越深入，它必将获得应有的地位和价值，以及相应的报酬。

第四节 高校学报编辑的学术精神塑造

一、高校学报编辑学术精神的内涵界定

高校学报编辑是指在大学学报编辑室从事期刊编辑工作的专业技术人才。大学学报作为大学学术研究的重要据点，是学术前沿的典型，是一种权威、前沿性的刊物。作为高校学报的"守门人"，编辑在收稿、审稿、编校、出版全过程中，始终保持着自身的学识和素质。同时，高校学报又具有自身的特点，那就是特别看重学术性。为此，作为一名从事高校学报工作的编

辑，必须具备一定的学术素质。

学术文化是一种具有一定历史意义的上层建筑，它的含义是随时代发展而改变的。高校学报编辑的学术精神主要体现在以下八个方面：

第一，追求真理的意志。求真是学术精神的核心和本质，追求真理是学风的精髓所在。高校学报的编辑应具有实事求是、讲实话、讲事实、追寻真相、去除学术论文的真伪。希腊的伟大哲学家亚里士多德曾经说过："我爱老师，但我更爱真理。"与"真"相反的是"假"，对高校学报的编辑而言，学术上的作假是"零容忍"的。

第二，学术专业的精神。科学专研是学术精神的认知方法。高校学报的编辑要完善自己的学术素养和学术精神，就要具备勤勉的求知态度。努力工作，愿意把全部精力都放在学习上，具有不怕艰苦的工作态度。科研工作既辛苦又无聊，更要有一种不屈不挠的心态，以培养自己的优良学风。

第三，科学严谨的态度。科学严谨的态度是治学的基本前提。学术研究的根本条件是严肃的学风，这需要对学术抱着一种尊重，一丝不苟，认真负责，尊重知识，勇于提出问题，对投稿和期刊负责。特别是在大学期刊的编辑工作中，要坚持对实验数据和统计数据的真实性进行怀疑。

第四，扎实的专业基础知识。扎实的专业基础知识是高校学报编辑工作得以实施的基础。首先要具有与出版学有关的理论与实践，并对编辑规范、校对规则、发行程序等方面有较深的认识；其次，要有自己的特长，有能力在某个特定的领域内成为一名专家，可以独自审稿，担任某个栏目的策划人。

第五，团队合作的品质。团队合作是塑造学术精神的实践办法。团体是指个人彼此间的自发配合，以达成一个共同的目的。个人的知识水平是有限的，不可能在很长一段时期里快速、精确地学习到所有的信息，所以必须要多位专家一起努力。为此，高校学报的编辑也应该注意到这一点。比如选题、投稿、科研项目申请等等，都是这种协作的过程。

第六，独立自由的坚守。独立自主是坚持学术至上的保证。对真理的追寻和对学问的坚持，与其它社会的交往是密不可分、互相影响的。有时，由于受到力量的约束和不良的环境影响,高校学报编辑必须遵守自己的学术伦理。这就需要学报编辑在面对种种制约与权利诱惑时必须具备一定的学术胆识,要敢于坦率地表现自己。

第七,捍卫学术尊严的正义感。正义感是维护学术尊严的个人信仰。作为一名高校学报的编辑,应当承担起捍卫学术公正的职责。在日常生活中,编辑们要处理各种各样的论文,不可避免地会碰到一些违背职业道德规范的问题。在这个时候,编辑必须要保持一种正义的心态,保持自己的专业素养,遵守自己的本职工作,拒绝发表任何关于"关系稿"的论文。

第八,防止学术腐败的准则。预防学术不端,是高校学报编辑维护学术道德的终极目标。作为学报的"守门人",必须避免出现"学术不端"现象。将腐败从根源上消灭。同时,在进行学术研究工作中,要做到严于律己,恪守专业操守,严格执行国家有关的法律、法规,严禁利用自己的职权,协助作者抄袭、抄袭别人的学术成果等。

二、高校学报编辑学术精神倡导与塑造的意义

对真理的追寻和对现实的应用,都是推动人类前进的力量。高校学报的编辑工作就是在这种情况下进行的,其学术精神的弘扬与重构,反映了对真理的一种客观需求。高校学报在我国科学发展水平、自身的生存与发展以及其价值实现等方面都有着重大的影响与现实意义。因此,我们有必要对高校学报编辑学术精神进行倡导与塑造,主要体现在以下四个方面

(一)国家科学发展创新驱动的时代要求

我国经济和社会发展的同时,也在经历着政治、经济、文化等多个层面的变革。在经济转轨时期,寻找一条符合中国实际的发展之路,必须要有各行各业的研究人员进行理论上的革新和实践。而我国科技发展的改革也必然会影响到高校学报编辑的学术品质。作为一名专业的学术期刊,其专业素养也是必然的。我们一贯主张以学术为导向的编辑,即要以"专业为本"为原则。所以,在我国期刊编辑工作中,期刊的编辑工作是一种不可替代的人

才。他们发挥自己的专业特长,发挥团队合作的能力,以科技为先导,为民族的发展与兴盛做出了贡献。

(二)维护学术精神、捍卫学术尊严的客观需要

学报作为大学的研究基地,是展示当代学术成果与文明的重要窗口,它肩负着国家文化的发展与革新。作为高校学报的守门人,学报的编辑必须对其进行严格审核,防止学术抄袭和学术失范,防止学术腐败变成"现实",防止抄袭论文传播。因此,在坚持学术道德、维护学术权威、遏制学术腐化、保障作者合法权利方面,高校学报编辑的这种做法对中国的学术和文化发展都是有益的,对提高我国的学术期刊在国际上的学术权威也是有益的。

(2)高校学报生存与发展的现实需要

当前,我国的高等教育事业正处于转型时期。现在学报的发展,

已经成为了人们谈论的话题,但是,数字只是一种方式,期刊要持续发展,就必须保证期刊的出版品质。因此,高校学报必须严格把关稿件质量,注重真实性、创新性、理论水平和学术意义。只有如此,高校学报才能保质保量地刊发优秀稿件,使学报得以生存和进步。

(四)高校学报编辑实现自我发展的精神引领

当前,大多数高校学报的编辑都处在青春年华,具有自己的人生价值和事业发展目标。学报的办刊精神是编辑自我价值的一个内部需求和一个精神导向。学报编辑要有优良的学术品格,必须具备学术精神。编辑在工作、生活中不断积累的学术文化,有助于他们不断地发掘自己、完善自己。重塑学术精神,不仅能使高校学报编辑真正地做到"学术人",更能使学报编辑在专业上更好地发挥其自身的作用。

三、当前高校学报编辑学术精神式微的现状及原因分析

在学术造假、学术腐败和学术失范频繁的社会背景下,高校学报的编辑不可避免地会受到这种影响,从而产生学术精神的异化。其主要体现在:

第一，高校学报编辑学术动机功利化。当前，学报编辑的职务评价与聘任制度，需要在学术期刊中发表一定的学术论文。在学术期刊上，为实现职称评审与聘用，许多期刊的编审人员往往会走一些捷径，抄袭别人的作品，甚至还会利用代理机构代发。高校学报的编辑拥有得天独厚的优势，他们可以从全国范围内收集到大量的稿子，如果编辑们可以通过自己的工作，在这些稿件上进行稍微的修改，就可以轻松地发表；或者将作者的作品转交给亲戚朋友或者同事，以此赚取酬劳。这种做法可以称为"祠私"，这种做法是学术上的腐败。学风失范是造成学术腐败的一个重要因素。

第二，高校学报编辑学术目标虚泛化。由于学报的学术目的不够清晰，对自己所承担的学科任务也不清楚。作者相信，如果论文的再生产比例达到标准，经过专业评审，就可以发表。编辑们为了让人情稿、关系稿尽快通过审核，不惜动用自己的人脉，买通了评审。还有一种是利用了"学术不端"的制度，通过对"检查"次数的检查，发现"红色"的结论，然后根据"检查"的结论，进行修正，直到发表。编辑们还认为，"世界上绝大多数的论文都是抄袭的，如果没有任何的政治失误，他们都可以发表。"对专业人士的审核，不需要查阅，只要审核合格，就能出版，而对期刊刊发的文章的学术价值却很少关注，造成很多低级稿件和学术价值不高的论文刊发。这是学报编辑的疏忽、漠视、懈怠和畏名的表现，这种做法造成了大量的"学术垃圾"。

第三，高校学报编辑部管理制度不完善。对学报编辑的学术活动进行监督，最直观地体现了其学术道德。我国现行的有关立法、规章对高校学生、教师和科研工作者的科研活动进行了规定，其中包括《民法总则》《著作权法》《高等学校哲学社会科学研究学术规范》等。然而，目前对我国高校学报编辑所制订的标准仍处于一片空白之中。如果是因为校方的疏忽，造成了学术不端，则没有专门的法律和条例来规范。而目前，我国学报编辑部门所制订的有关编辑的学术活动的制度很少，大多数都是关于来稿、审稿、稿件规范化等方面的规定，对编辑的学术行为没有有效的激励和惩罚，也没有监督的作用。造成编辑利用自己的权力和工作便利抄袭别人的研究结果，或协助别人搞学术活动。

对目前高校学报编辑学术态度日渐衰弱的成因进行剖析，有助于我们更深入地认识其存在的现实状况，从而为我们寻找塑造其学术精神的突破口。

（一）社会层面

随着我国的经济体制改革和对外开放程度的提高，各类思想如潮水般涌向我们。由于人们对金钱的看法已经发生了变化，为了获取更多的利益，学术界在短期之内难以产生巨额利润，因而也就渐渐被遗忘了。"财"是一种追求，很多杂志和发行公司，都可以用自己的稿酬发表文章，有的还会找一些公司代销，有的则是为了赚钱，让自己的作者被骗。在我国，存在着大量的造假、剽窃等严重的学术失范现象。

随着网络的迅速发展和科技的进步，为某些不法行为提供了有利的环境。有些不法份子将自己的文章在网上销售，有些中介人还能帮忙发表自己的学术刊物。也有人教他们怎么处理网上的数据，也有人会给出数据，让研究人员在学术上犯下更多的错误。这就要求政府在打击学术不端的同时，加强对互联网的保护与整顿，为学术科研营造一个有利的生态。

当前，国内尚未制定一项专门的立法来规范期刊编辑的学术失范。我国的司法定义与处罚在立法上都比较落后，且不能很好地进行解释，从而导致当前没有建立相应的管理机制来规范与制约学报的编辑。

（二）学校层面

目前我国大多数高校学报的编辑部门都没有制定相关的管理体系。由于单位人数较少，工作量较大，缺乏监督与约束，造成了编辑在工作中滥用职权的现象。比如，如果将学术账户和密码泄露出去，那么编辑室的工作人员就能自由访问，这就造成了编辑利用自己的权力，在没有审核的情况下，擅自查看稿件。还有就是，总编对投稿内容不够透彻，造成了编委权限太大。审核通过后，在总编不知道的前提下，编辑擅自与编委联络，改为署名发表。这些现象违反了学校的道德规范，构成了一种严重的学术失范。由于没有健全的监督与监督机制，导致学报编辑出现了严重的学术不端现象。与此同时，由于惩戒机制的缺失，即便被查出，也只是口头上的告诫，或是睁一只眼闭一只眼，非但没有进行有效的治理，也没有受到应有的惩处，而编辑不必承担任何责任。因此，要学报编辑遵守学术伦理，也只能是一张"空头支票"。

科学的职称评定制度能有效地激发学报编辑的工作积极性和科研积极性，保障学报的自身发展和事业发展。但由于不科学的职称评定制度会使学报编辑出现工作疲劳乃至反感情绪，导致学报编辑必须以"学术不端"的方式来满足论文的数量需求。刘逸君《美国学术评价制度与实践及其启示》一书中提出，美国的学术评估体系由同行评议制度、匿名审稿制度和违反校纪处分制度构成。这种评估体系建立在学术科研工作者和学术组织自身的自我约束之上；以健全的学风体系为中心；支持严格的纪律体系；根据客观、中立的职业评估；以奖惩体系为动力。作为大学教学辅助单位，学报编辑部的职称编制数量有限，特别是高级职务，更是名额受限。在这样的制度安排下，编辑很可能会出现诸如发表论文等不道德的现象。

目前，高校学报大多隶属于教学辅助单位，存在着机构较小、人员较少、工作繁重等问题。由于我国高校学报在很大程度上属于"边缘化"，在很大程度上没有得到校方的关注与扶持，具体体现在：首先，办公室的环境很糟糕，电脑的软体和硬体没有得到及时的升级。其次，编辑在国内外学习和沟通的时间较短，使编辑的工作热情受到很大影响。三是没有充分关注学报编辑的工作和其他方面的工作。由于编辑人数较少，所以在副高及以下的专业职称评审团中，校方并没有设立专业的评审团，而是由文科小组来评判，而且由于对编辑的专业资格和资料库等因素不熟悉，往往产生误评，严重挫伤了编辑工作的积极性与创造性。

（三）个人层面

马克思的哲学观认为，一切发展的根源是内在的，外在的因素是发展的需要。外部不利因素对学报编辑产生的影响，是以个人为主导的。首先，由于自身道德观的原因，导致了编辑的价值取向，即对学术权威的质疑、科研精神缺失、得过且过，敷衍了事，缺乏学术责任心；其次，由于缺乏道德自律性认识，缺乏内在的他律因子，自我约束能力较弱，在一定的条件下，无法抵御种种诱惑，无法有效地遏制自己的学术失范；第三，对某些制度的规范、规章漠然，对有关的法学书籍不重视，缺乏自我学习、很难做到自我改变，自我修正，自我管理。

高校学报的编辑工作较为单调，年年工作大体相同，单调而繁复，每日都要低头审阅稿子，与文字做斗争。日复一日的重复着枯燥的工作，逐渐失去了对工作的激情，失去了对未来的希望，对工作的态度变得消极，对作者的耐性越来越差，对自己的工作价值也越来越模糊，经常迟到早退，甚至有跳槽的打算。在这种"工作耗竭"的状况下，要想给编辑建立起一种科学的态度是非常困难的。

四、高校学报编辑学术精神塑造的途径

（一）社会层面

1. 构建良好的科研氛围，促进社会风气的健康发展

"社会风尚"是指一个整体或一个特定区域的价值观念。良好的社会环境有助于促进学术气氛的形成。目前，学术的腐败越来越多，学术与金钱、名利、地位、学位、职称挂钩，学术评价仅以量而不以质为标准。在此背景下，我国应该加强对诚实信用的价值观的推广。同时，还可以将学术诚信记录在自己的个人资料库中，增加学术不端的代价，从而降低学报编辑的学术不端行为，防止其日后丧失社会信誉。加强对网上投稿的清理，加强对网上投稿代理、代笔的查处和监督。此外，要充分发挥传媒作为"公器"的作用，必须树立正确的观点，以公正、权威地报导高校的学术失范现象。媒体工作者要有良心，既要打击学术失范，又要宣扬自己的学术伦理、学术良心，宣扬正确、正面的新闻，以引起公众的注意，营造一个有利于学术发展

的舆论氛围。

2. 加强法制建设，促进科研事业的良性发展

不以规则为界，学术的自由不是一种完全的自由，它必须受到某种法则的制约，健全的法制保障了学术的自由。目前，国内尚未制定一项专门针对高校学报编辑不良行为的具体立法。但是，《中华人民共和国知识产权法》《中华人民共和国著作权法》和《教育部关于切实加强和改进高等学校学风建设的实施意见》均有相关的内容。遗憾的是，我国现行的司法认定与处罚制度存在着一定的缺陷。为此，我国应当尽早地对相关的法律和规章进行修改。首先，制定一部关于规范学术失当的立法，对其进行明确的界定。划定违法者的界线，对道歉、赔偿、罚款、刑罚等作出清晰的说明，并加强处罚。其次，要完善相关的法律保障制度，保障举报人的合法权利，并对侵权行为予以补偿。比如《举报人保护法》，既可以保障举报人的权益，又可以防止举报人受到损害，又可以对其进行有效的监控，从而使其能够大胆地进行举报。三是要设立一个相对独立的行政机构来进行行政监督。该部门具有专业性、专门性和相对独立的特点，它对行政中心负有直接责任，但并不完全受制于它，它的职责是对国家有关部门、科研机构、科研单位存在的学术不端行为进行调查，并将其公开。在依法治国的大背景下，我们可以看到，有关学术腐败的法律和法规正在逐步健全。然而，作为一个特定群体，其学术规范与惩戒体系仍处于一种相对薄弱的状态。

3. 深化制度创新和完善学术评估制度

学术评估是高等学校开展学术研究和职称评审工作的重要依据和中心环节。是对大学老师的学习行为进行收集、整理、分析和评价的一系列过程。建立一个科学、合理的学术评估制度，有助于促进知识的革新，使学者在遵循学术准则的基础上，不断提升自己的学术水准，为学术研究做出贡献。然而，由于各种原因和历史原因，目前我国高校学报编辑的职称评定制度还不完善，致使其学术地位发生了变化。目前，国内大多数高校学报的编辑，一般都是根据自己的作品、发表的文章、学术水平等来进行职称评审，并根据

自己的得奖状况来进行评价。虽然得到清晰的定量的结论的确方便了管理人员和评估人员的评估，使以往繁复的学术评估系统变得简单，但数量化"一刀切"的定量评估造成了学术产出的增多和质量的降低。这种评估制度在一定意义上确实会促进编辑投身于学术研究，取得更多的研究结果；而在科学研究中，由于研究的数量与个人的利害关系，使得"唯量而不以质"的学术评估体系的缺陷也随之暴露出来。因而，高校应对编辑的职称评估制度进行变革与改进。可以从四个方向进行变革。

第一，构建一个综合性的期刊编辑评估系统。目前我国高校学报的编辑工作中存在着一些问题，应该构建一个综合性的期刊编辑评估系统。比如，编辑的学术成绩，并不仅仅由其学术成绩来衡量，而更看重的是他的学术道德水准，把他的学术失当记入档案。

第二，在评估系统中缺少对品质的规范。重视学报出版的学术价值与品质，指导编辑开展高水平的研究工作。虽然这种工作看上去很繁琐，但实际上，由于学报编辑自身人数不多，对学报的研究质量评估的工作量并不大，所以可以让各大学的编审对学报的研究结果进行仔细的阅读，从而做出较为精确的评估。

第三，要在学报编辑中引进非利害关系的第三方。可以参考外国的同行评议机制。当前，我国评审大学编辑的专业技术人员多为地方省级出版社。比如内蒙古，大部分的评委都是由各地区的出版社担任，而不是由地级院校的编审担任。因此，审核的大多是各大出版社的编审，而高校学报编辑通过的可谓凤毛麟角。

第四，要转变目前职称评审体系过于"标准化"的状况。例如在评选的前提下，出版社的编辑获得的荣誉是比较多的的，而且大多数都得到了政府或专业技术鉴定部门的承认；而期刊的编辑获奖大多是期刊研究会等社会组织所颁发，对于高校学报编辑来说这些奖项很珍贵，但是在评职称时这些奖项都不算数。因此，把高校学报编辑与出版社编辑放在一起用同样的评审标准进行评价有失公允。

(二) 学校层面

1. 优化校园学术环境，营造良好学术氛围

随着时代的变迁，高校里也出现了各种各样的思想，昔日的"净土"也变得不"干净"了。高校学报的编辑工作在这种背景下，不可避免地受到它的冲击。因此，在这种背景下，大学必须大力开展社会舆论教育，强化学风，优化学风，促进学术风气的良性发展。

第一，加强高校学报编辑学术规范教育，提升职业道德素养。高校学报的编辑工作，是坚持学术权威、发表高水平的学术刊物。而学术期刊的编辑又担负起了学术研究的重任。因而，它的专业就带有守门人的特征。与其它大学的老师相比，他们对于自身的道德操守具有更高的需求。大学作为一个治学之地，应当在大学中营造出一种良好的学风。严谨的学风是治学的基础，而学报编辑必须具有严格、务实的工作作风，这就是学风的基本要求。因此，大学应该通过召开会议、访谈、讲座、讨论学习等途径，将学报编辑的学术伦理观念从自我约束转变为自我开放，进而提升其学术伦理意识，优化整个大学的学术风气。

第二，重视对学校师生进行思想品德建设，完善学术人格。大学的老师和硕士生作为学报的第一撰稿人，他们在对论文的评价中扮演着举足轻重的角色。在这种情况下，高校必须有责任地开展学术道德教育，增强他们的专业素养。可以在入学时签订"诚实守信"，使师生的学业品质得到提高，从而形成大学的学术氛围。

2. 明确编辑岗位职责，严格编辑工作规程

当前，各高校对学报编辑工作的关注不够，不像其它职能机构那样受到重视，工作责任不清晰。大多数高校对学报编辑的制约还很薄弱。为此，必须对编辑的工作流程进行规范，建立清晰的岗位职责、审稿流程和刊发流程。

第一，强化职责定位。确定学报的收稿、审稿、编校、刊发等工作过程要有专门的人员负责，并签订责任书，哪一环节出了问题就找哪个环节的负责人。

第二，规范工作流程。要强化交流，相互监督，避免过度的权利。在工作过程中，要相互监控，相互约束，改进工作程序，比如：使用"学术不端"的检查制度、不得随便检查非投稿的文章、每日检查的文章数等，避免编辑滥用职权，为别人检查、牟利。

第三，召开编辑会议。要经常召开编辑会议，将工作中出现的问题摆在办公桌上进行集体探讨，提高工作的透明性。对提交的论文进行跟踪，避免编辑随意修改，与评审人员进行交流，使论文获得通过和发表的资格。

此外，在发表论文时要对原作进行重新确认，以免由于编辑的权限太大，未经许可而擅自修改，以确保学报的学术品质。

3. 完善奖惩机制，关爱学报编辑

第一，要健全高校学报的评估体系。前面已经指出了目前的学术评估制度的缺陷，造成了以"量"为单位的评估。高校可以结合具体的条件来改进这种体制。如因各种因素尚无法建立"代表性"机制，则可以从其它途径对学报编辑的研究成果进行评估。比如日常工作表现，学术水平，社会反响等。不仅仅要看发表论文的数量，还要看一个人的工作水平。还可以通过学术委员会、教学委员会、学位委员会等学术机构来评选，不仅要根据学报的等级来评判，还要根据学报的学术水平以及学术价值来进行评价。

第二，要对学报编辑的日常工作进行监督，并制定相应的惩戒制度。如果在编校和自己发表的论文中存在徇私舞弊、学术抄袭等情况，按照情节轻重予以通报批评直至调离编辑岗位的处罚。只有建立起一套严厉的惩戒制度，才能够有效地降低编辑的学术不正之风，进而制约其行为，并有效地降低其产生的几率。

第三，要加强对学报编辑的关注。要从办公环境、生活状况、个人福利等多个角度加以关注，使之摆脱被"边缘化"、被忽视的状态。

（三）个人层面

1. 树立正确的学术关，加强学术自律，抵制学术腐败

我国古代有一条谚语："以身作则"，"以身立教"。学报编辑是"学术的守门人"，应从自己着手，确立正确的学术观念，并在学术上做到端正。

第一，要增强政治意识。要确立科学的学术观念，必须加强思想政治建设。高校学报编辑每日都要面临许多的文稿。因此，在编审过程中要特别留意一些政治上的敏感性问题。这些问题包括：国家主权问题、民族问题、港澳台问题、国家安全和保密问题等。

第二，要提高科学研究的觉悟。高校学报编辑仅要为别人"增添衣物"，还要为别人作"嫁衣"。只有在自己擅长的领域里，不断地提高自己的专业素养，掌握最新的研究方向，才能成为一名学者型的编辑。

第三，要提高自身的创造性。高校学报的编辑要有与时俱进的思维。要坚持思想观念的更新，要改革过时的工作方式和方法，要敢于大胆地进行创新，提高工作的效能。比如，外审的文稿可以通过手机联络等方式进行，省却了繁琐的邮寄过程，大大缩短了审核时间，大大提升了工作效益和质量。

第四，要培养自身的信息素养。信息素质是指编辑利用现代化科技手段获取信息、筛选有效信息、利用信息的功能。在信息时代，高校编辑需要具备现代化的科技工具，例如利用知网学术不端检测系统，不仅可以检测稿件的文字和内容重复率，还可以对稿件的重复程度进行判断。还可以使用电脑校对软件对稿件进行校对，电脑校对软件能有效地解决诸如政治错误、错别字等错误，有助于编辑严格把关，确保稿件的质量和学术价值。同时，也可以通过网络来推广学报，设计实用、吸引人的网站，吸引读者的参与。例如《新华文摘》、人大复印资料、全国高等学校文科学期刊社等。通过上述方式，不仅可以增加学报的点击量，让学报的编辑能够更好地掌握期刊的发展动向，还可以扩大学报的影响力。

2. 积极参与学术交流和继续教育培训，提升专业素质

高校学报的编辑应重视自身专业素质的提高。编辑技术和学科成果的不断革新，必须顺应时代潮流，进行调整。应主动参与学术交流会，加强进修，提高自身素质。加强与其它优秀期刊编辑的交流，以求取长，更新思想。就当前期刊编辑的继续教育而言，其形式较为简单，一是必须进行的网上继续教育，二是省级新闻出版局组织的专题讲座，大部分是针对省内的出版社，内容偏重图书策划、选题、发行等，和高校学报及学报编辑相关的内容甚少。由此，高校学报编辑仅仅在四五天的面授培训里学到的编辑专业知识是极为有限的。编辑要多看一些专业书，如果有机会提高自己的编辑水平，选择出国进修是最好的途径。

总而言之，在这个社会发展的过程中，学报编辑要与时俱进，要不断地从不同的渠道、不同的角度去学习，不断地更新自己，提高自己，进行理论上的创新，这样才能不断完善自己，从而提升高校学报的学术水平。

3. 消除职业倦怠，提高工作积极性

作为高校学报编辑，由于工作主观能动性弱，工作成果难以量化，奖励机制薄弱，职业认同感差，机构内部体制存在弊端等原因造成学报编辑职业热情下降，工作效率降低，工作标准降低，对自身发展缺乏长远目标。再加上长期伏案工作，容易患上颈椎病等职业病，导致高校学报编辑或多或少存在职业倦怠现象。首先，要增强对学报的专业认同。热爱自己的事业是工作的驱使。我们经常说："干一行就要爱一行。"既然选定了这个工作，那就一定要全力以赴。要将自己的工作当成一生的职业，使自己与编辑工作融为一体。就像我们提倡的"爱国、敬业、诚信、友善"的社会主义核心价值标准，在个体层面上也是如此。其次，要把握好学报的发展方向。对自己的正确理性认知是人类掌握自我的基础。只有正确的认识自己，才能更好的利用自己。高校学报的编辑也是如此，在工作中要有一个清晰的认识，不要把自己的能力想得太高，认为自己是"大材小用"，甚至感到"委屈自己"，但又不能低估自己的能力，过于谦逊和谨小慎微，反而会影响到自己的工作。要做的就是要在工作中不断地适应，找到自己的定位，使自己的工作更有意义。三是要加强学报编辑的自我调节。目前，我们正处在转型时期，人们的心态必然会受到影响。在学术期刊中，要善于调整自身，正确对待工作与生活、同事与家人之间的关系；要有良好的沟通能力，要积极主动地与人交往，多锻炼身体，减少烦躁的心情，通过锻炼来减轻工作中的紧张感。

第三章　高校学报编辑的现代化建设与品牌发展

在当今的信息经济时代，由于电脑的使用越来越普及，电脑的信息处理能力越来越强，使用的网络也越来越广泛。因此，信息的收集、组织、传递和管理都将会产生根本的变化。知识和资讯的爆炸式发展，与资讯科技、电脑、多媒体、网路及通信等技术的融合，使资讯科技的储存、传播及实际运用的效率大大提升。实现各个领域的信息化是实现现代化的先决条件，而高校学报是今后信息网络结构的重要组成部分，必须与时俱进，把现代化的高科技应用到编辑室的编辑和出版工作中去，以适应"高效、快捷"的时代需求。

第一节　大数据时代高校学报的编辑出版现状

一、大数据时代是什么

（一）数据和大数据

从定义上来说，大数据是基于数据的一种观念。想要了解大数据，就必须了解数据的含义。在百度百科中，数据是一种可以被识别的符号，是用来记录事物性质、状态以及它们之间的关系的物理符号，是可以识别和抽象的符号。

我们在日常的工作中，有了大量的资料，可以追溯到我们的日常活动。卡尔—爱立克·斯威比在其《知识管理》一书中指出，人类的生命中充斥着大量的数据，数据是混乱的，而我们必须将那些看上去毫无规则的数据组织起来，转化为有用的知识和信息，这样我们就可以做出正确的决策了。从这本书和斯威比的描述来看，他觉得数据的加工是必不可少的，因为它是金字塔的最低点，它是人类获得知识和智慧的基础，经过加工后，我们可以获得更多的信息，从而得出更准确的结论。

在上世纪70年代，IBM的一位学者埃德加·科德提出了最原始的"关联数据库"的观点。全球最大的策略顾问公司——麦肯锡（McKinsey）对大数据下了一个新的概念：大数据是一种数据集合，它不能通过常规的数据库软件来获取、管理和处理某一特定的信息。他相信，如今的资料已渗入各行各业、各部门，并已是一个重要的生产资料。现在，随着人类对大量数据的不断发掘和利用，新一轮的生产力将会迎来快速的提升。以前的数据已经被广泛应用，比如物理学、环境科学、金融、军事、通讯等行业。而现在，随着网络和信息产业的迅猛发展，世界进入了大数据的时代。

什么是大数据时代，简单来说，就是大量的数据和云计算。如今微博、公众号等社交媒体上，经常会用到"大数据"这个名词，但大部分人都不知道它的真实意义。在这个高度发达的时代，我们可以将更有效的资讯科技应用到这个世界上。随着网络技术与媒介的飞速发展，我们的生活方式也发生了巨大的变化。

（二）大数据时代的内涵与特征

大数据的出现，正深刻地改变着我们的生活。从家庭电脑到智能手机，再到人工智能，都离我们越来越近。我们已经熟悉了很多种类型的网站，比如对股市的分析，比如对天气和温度的预报，这些都需要用到大数据。如今的大数据，就如同一道精密的网络，连接着所有人。大数据是指用常规数据库工具所不能解决的信息集合，所以大数据时代是一个更加聪明的时代，标志着一个新科技时代的到来。

在大数据特性方面，IBM提出了一种业内公认的观点，即"4V"。这个"4V"包含了数据体量巨大（Volume）、数据处理速度快（Velocity）、数据类型繁多（Variety）、数据价值密度低（Value）。前面三个特点都很明显，但是到了最后，就会发现这些数据的价值并不高，需要进一步的研究和分析，这样的话，就可以得到更多的信息了。比起以往人们费尽心思寻找因果，现在的大数据技术，更侧重于对各种事物的关联。

1. 资讯科技替代了随机取样

过去，随机取样技术被广泛地运用到了各行各业，并且取得了巨大的成功，但是从技术角度上来看，这种方法建立在随机抽取的基础上，这本身就是一个巨大的缺陷，谁也无法确保每一次的数据都是随机的，如果失败了，那就是天壤之别。所以，在现今资讯科技高度发展的时代，用随机取样的方式所获得的分析成果，已不能完全适应市场需求。而资讯科技的广泛应用，则可以有效地改善这种状况。

所谓的随机取样，其实就是利用最小的样本，获取最多的资料，这是资料缺乏的年代。而如今，随着资讯科技的发展，可以轻松的搜集海量资料，再加上科技手段，可以精确的进行分析与处理。

2. 容许不准确的存在，加强对相关性的重视

以前的资料搜集范围很窄，最大的一个原因就是为了将误差降至最低，从而做出最准确的结论，而抽样是以往最常用的计量方式，既要花费大量的时间和精力，又常常达不到预期效果。而现在，随着大数据的发展，原本的几个数据已经被庞大的信息流所代替，这些数据并不能完全准确，而那些细小的数字，则可以确保精准。但也正因为如此，庞大的信息流，让他们可以准确的判断出未来的发展。

维克托通尔·舍恩伯格在其《大数据时代》一书中写道："我们只要了解它，无需了解它的原因。"在这个大数据的世界里，我们并不需要去寻找答案，相反，我们需要从数据中得到更多的东西。

那么，大数据会对我们的生活产生怎样的影响？首先，它为我们省下了很多的工作，让我们的工作效率得到了极大的提升，例如外卖、共享单车、网购等，这些应用的后面都是一张"大数据网"，它可以将几十亿次的阅读数据转化为不同的预测，既可以减少人工成本，又可以减少出错的几率，同时也可以准确地判断消费者的偏好和购物意向。其次，海量的信息让我们的生活变得更加智能，比如现在的各种APP，都会提供一些个性化的建议，这样可以节省大量的时间。

二、大数据时代高校学报的编辑出版状况

（一）从组稿到编辑技术的突破

1. 稿件编写与组稿方式的变化

"组稿"的本质就是"组稿"，即由编辑部与"作者"商定"稿件"，即由"约稿"、"筛选"到最后的"完稿"。通常，组稿的形式有三种：个别约稿、媒体征集和团体征集。单独的约稿，顾名思义，就是邀请特定的、个别的作者来投稿，这是最常用的一种方式，比如通过电话采访，比如拜访别人。其次，媒体征集也是一种很流行的形式，大多数高校学报都会在自己的期刊上写上自己的电子邮件或者是联系人，这样可以让更多的读者和作者参

与到自己的工作中来。所谓团体投稿，就是由出版商用特定的途径，邀请一群作者，或者是一个研究小组，或者是某个领域的官方机构来进行。

组稿的关键就是要找，这就要求编辑要有一双慧眼，能够从众多的稿件和作者之中，挑选出自己想要的东西。以往，为了提高期刊的品质，很多高校学报都会选用一些名人或者学者的文章，而不是用投来的稿件。现在的局面有了很大的变化，因为网络的缘故，论文的数量越来越多，学报的质量也越来越好。所以现在，各大院校的学报都在关注着公众的意见，并且更倾向于发表那些非权威人士的论文。

显然，组稿方式的改变也会对稿件的创作带来一定的冲击。随着高校学报日益数码化，电子期刊逐渐普及，与以往相比，论文的使用更加方便。所谓的"投稿"，就是将自己的作品提交到杂志社、出版社等等媒体上，希望自己的作品被采纳，而所谓的"一次投稿"，就是将自己的作品提交到一家媒体的手中。

过去投稿的流程很复杂，不会直接刊发，编辑们会在审核后给出自己的建议，然后再进行修改。这个流程很麻烦，主要是以前的技术太落后了，需要大量的时间才能完成。随着网络技术的发展，投稿成为一种便捷的手段，无论是收发邮件，还是传输即时文档，都可以在一刹那之间完成。于是，传统的投稿模式，几乎被网络所代替。

2. 版面风格与栏目设置的变化

各大院校的学报都是有特色的，因此，编辑在学术上也是下足了功夫。一般而言，高校学报的版面设计和版面的归类，都与其事先的职能取向相关，比如，学报风格的定位是否轻快或庄重，是否贴近日常生活，是否走趣味十足的道路，或具有哲学意味等等，在某种意义上，都会对学报的版面结构造成一定的冲击。

目前大多数高校学报的栏目都是以院校的学科来进行分类，大多数院校都会把学报分成社科类和自科类，社科类学报会开设与教育学、新闻传播学、汉语言、国际教育学等相关的学科，而自科类学报则会开设机械、土木、化工、计算机、人工智能等相关的学科。在学报的策划中，栏目的设置是一个很重要的环节，它可以反映学报的整体风貌和学术品质，它具有引导功能，让用户在收到学报后，可以对学报的内容有一个大概的认识，并根据自己的喜好来决定自己想要的东西，所以这个栏目的重要性可想而知。

除了彰显学报的目的和引导功能外，栏目的设立也起到了将散漫的论文整理得井然有序的功能。当作者把自己的论文发给学报，这个时候，编辑室里的论文都是单独的，彼此间可能没有什么关系。为此，编辑们要靠着自己的编辑能力，找到文章中的共同点和形式上的联系，把论文分成几个部分，让大家一眼就看出来。当然，这种划分也是一个相当繁琐的环节，不能随便按栏目来划分，往往要兼顾到各栏目的主次、逻辑上的联系。能把这些板块有机地结合起来是一名优秀编辑所应该具备的素质。

3. 科技的发展带来编辑技术的创新

现在各大院校的学报都在采用微信、微博、电子杂志等新技术，通过这些新技术，可以让自己的论文更好地发表。而这种新技术之所以被广泛应用，最大的理由就是：

（1）传播效果好

相对于以往的纸质期刊而言，网上的电子版期刊能够快速、准确地传递和广泛地进行信息传递。这样既可以让读者们在任何时候都可以随意翻看，也可以下载和复制，为以后的大规模推广创造了便利。

（2）成本低

从一本期刊的投稿到出版，所耗费的资源和精力都是非常庞大的。现在有了新的技术，只要将期刊的内容上传到网上，就可以将期刊的出版成本降到最低。

（3）互动性强

传统的纸质期刊很少与读者进行即时的互动，主要是通过单向传递信息，读者很少能够与期刊的作者进行交流，而且很少有机会和期刊的编辑分享自己的想法和经历。随着新的科技手段的应用，人们可以在微博或者微信上发表自己的看法，也可以在论坛或者 QQ 群中与其他地方的读者进行交流。这种互动和交流在某种意义上也可以看成是高校学报信息的二次传播，更能够深化读者对学报的认识。

（4）个性化推送审稿服务

由于常规技术无法对受众进行分类，无法准确把握受众的具体喜好，难以根据用户的具体需要对其进行细致的分类。但现在有了新技术，有了海量的信息，就有了个性化的推荐服务，比如微博、微信等，都有了这个能力，可以通过用户的浏览和浏览习惯来给自己的用户提供建议，这样既可以极大地提升工作的速度，又可以节约读者的时间。

同时，随着科技的发展，各种新技术层出不穷，比如某些编辑器的自动纠错，还有各种简单易行的技术的应用，为学报的编辑节约了不少的工作时间，同时也让学报的出版速度变得更快。比如南宁师大学报，只要登陆网站，就会发现网站的右上角有一个"编辑办公室"，用户只要点一下，就可以在线进行编辑、审稿等事务，同时还可以对稿件进行管理，这一技术的出现显然为编辑的工作带来了许多方便，不仅可以提高工作效率而且实现了远距离办公，使学报邀请更多的专家进行审稿变成可能。

不过新技术的发展未必就能带来所有的利益，就像在人类的发展历程中，技术的持续发展为人们的生活提供了无穷无尽的方便，同时也带来了许多无法挽回的损失，比如全球变暖，绿地减少，冰川消融，垃圾遍地，等等，都可以说是技术发展的后遗症。新技术的发展必然会给编辑造成一定的消极后果，第一，过于依靠科技，忽略了编辑自身的领导地位，这一点在最近几年引起了人们的关注。当然，智能机器只能模拟出一种形态，而不可能进行更深层次的思维。所以，对科技的过度依靠，注重外部的表现而不注重内容，必然会导致学报的品质降低；其次，很多高校学报都在利用新技术，比如微博、电子期刊等等，但却没有对这些技术进行有效的监管，可能会给学报带来意想不到的损失。

（二）从纸本向数码的转变

1. 数字化出版和版权保护

（1）数字化出版

目前，高校学报数字化发行的形势日益凸显，国内各大院校的学报大多与"知网"等大型数据平台进行了广泛的协作，极大地拓展了国内学报的视野，极大地促进了读者对电子期刊的了解，同时也让人们对电子文献的检索和下载变得更为便捷。

现在国内大多数高校的学报都已经实现了网上的传送功能，微信公众号、微博、电子杂志等都可以通过网络来进行传送和互动，但在电子发行上还显得有些滞后，只有寥寥数家出版社开始发行数字期刊。在出版领域，电子期刊还没有普及。

（2）版权保护

随着网络时代的到来，使得期刊在网络时代得到了快速的发展，这是一种优势，但是也存在着许多侵犯知识产权的问题。

早在前些年，国内的网络监管还不够健全的情况下，网上的文章剽窃、盗版等现象十分普遍，而版权也是经常发生的事情，其中不乏有不法之人，通过网络上的漏洞，偷走了一些学术刊物上的论文，从中牟利。在那个时候，因为缺乏良好的法律法规和法律保障，导致了很多不必要的损失。

现在的数字出版业还处于起步期，所以关于数字出版的法律法规还不健全，但可以肯定的是，我们国家正在加强对版权的管理，希望将来可以更好地维护数字出版。

2. 纸质出版的流程与质量标准

高校学报一直以来都非常注重印刷，而在电子技术还没有发展起来的时代，人们往往会倾向于把内容印刷在纸本上，并且觉得纸本会更容易被人接受。通常情况下，高校学报的出版过程包括选题、组稿、编辑、排版、校对、印刷、发行。第一步就是要决定学报的总体设计，包括每一篇论文的内容，每一篇论文的具体结构，都要有一个大致的规划。其次就是编辑部的工作人员会将这一期的论文收集起来,然后进行审核和修正,这一步很关键,因为可以让学报的品质更上一层楼。等到所有的内容都已经准备好了,就可以进行排版和校对了。高校学报的出版发行是一个非常繁琐的工作,它需要一个专业的团队来进行分工协作,一份优秀的高校学报,必须要做到万无一失。

高校学报的品质如何?该怎么评价学报的品质?当然,这主要由其学术指标来评判:第一,学报论文的引用频率是多少,引用的次数多了,就代表着被人所接受,久而久之,在学术界也会有很大的影响。其次,优秀的高校学报,其发表的作品数量往往会反映出学报的品质,通常学报都会请一些著名的学者来投稿,一来是为了吸引更多的注意力,二来也是为了获得更多的关注度。除了这两点,高校学报也承担着特殊的版权保障的责任,高校学报和普通的学报是完全不同的,它是一种纯学术期刊,里面的每一篇论文都蕴含着作者的智慧,高质量的高校学报肯定会重视对创作者的知识产权的保护。

近年来,随着科技手段的不断涌现,期刊逐渐向数字化发展,许多大学都在积极搭建新的媒介平台,力求与广大的受众进行交流,从而让学报变得更加"接地气",但这并不意味着纸质期刊就没有意义。事实上,数字期刊与纸质期刊都有着自身的优势,两者之间是一个相辅相成、密不可分的关系。我们在大力发展数字化期刊的同时,也应该重视提升纸质版期刊的内容质量,双向融合发展才是长远之道。

3. 纸质出版与电子出版的差异及调适

最近几年,各种类型的数码出版物都在增多,而纸质期刊的销量则在逐渐萎缩,并持续下降,而高校学报这种学术刊物,其纸质版本的状况明显并不好。在信息技术发达的今天,随着各种电子杂志和电子书在当今社会中的地位水涨船高,媒体人们也在积极地进行着变革。

(1)数字出版使查阅资料更加便捷

数码出版物之所以受到欢迎,最重要的是因为它给了人们更多的便利,纸质化的期刊虽然能刊登一些深度解析的文章,但读者在查找相关资料时就显得不那么方便了，手动翻阅书籍不仅是一件非常耗费时间和精力的行为，而且往往也不能十分准确地找到自己想要的信息。但是数字化之后的信息却可以大大简化这一查阅行为，读者只需要借助网站内的搜索引擎输入关键词，即可看到所有与关键词相关的文章信息，而且许多大型数据库也提供下载服务，读者通过这一途径即可永久拥有这些知识信息，而且比书籍更容易随身携带。利用手机、电脑等电子设备可以实现随时随地阅读，甚至可以随时与别人分享。如此便利以至于如今很少有读者去查阅纸质资料。

（2）数字出版具有无可比拟的传播优势

相对于传统的印刷方式，数码印刷具有独特的传播特性。数字化发行的主要特征是利用二元技术完成了全部的发行过程，再将转换后的信息发布到网上。目前国内大部分高校学报都无法实现全数字化技术的应用，主要依靠的是纸质期刊的信息。不过很显然，高校学报借助各大数据库在网络上的传播效果要远远超过纸质期刊，极大地促进了学报的影响力。相比之下，在大数据时代，传统的纸质图书出版业正走向衰落，特别是高校学报这种非市场化的期刊，如果不加快与新媒体融合，则更是举步维艰。

（3）数字出版是"绿色"出版

传统的纸本出版物面临着一个无法克服的问题，即对环境与资源的冲击。每年出版的书籍、刊物数不胜数，可是在这个世界上，木材的数量实在太少了，若是没有新的科技，就只有不断的砍树。数码印刷，也叫"绿色"印刷，其最大的优点就是不用纸质印刷，有了互联网和计算机，既不会产生任何污染，也不会产生任何的垃圾，更适合当今世界提倡的节约能源。

（4）数字出版是纸质出版的调适

数码出版业的发展趋势是显而易见的，然而，数码出版业的兴起并非要代替传统的印刷，它将成为一种新型的发行手段，以帮助和调整印刷。

目前，大多数高校学报已经从传统的纸质期刊转向电子书两种形式，既增加了读者的阅览途径，又有利于提高期刊的知名度，而且数字出版具有更加灵活、活泼的特点，有利于提高期刊的知名度。从当前的情况来看，数字化与纸质出版物的融合程度比较好，因为对读者而言，期刊的最大魅力就是其内容，而纸质期刊和数码发行则是其技术和内涵的体现，二者的融合让期刊获得了极大的便利，同时也给期刊的发展提供了新的动力。

（三）从发行到与读者交流方式的变革

1. 在发行方式和流程上的变革

普通的期刊，在早期的发行工作中，则是由编辑向有需要的读者订购出版物，读者支付资金。后端工作的内容是由出版者将客户所订好的出版物以不同的方式寄给他们。出版途径有三种：一是杂志和期刊公司将其出版的全部授权交给邮政机构，然后把每一期的刊物送到读者手中；第二种方式，就是让杂志社自己建立一个新的销售系统，在每个地方建立一个分店，把自己的杂志送到用户手中。另外，杂志也可以通过会员的方式寄给读者；第三个途径就是全面的发行，也就是说，杂志社会通过各种渠道进行销售，而不仅仅是单一的发行，一般的杂志社都会选择这种形式。

这些都是以纸质期刊为主的时代，与数码出版物相比，确实有很多不同。由于传统的印刷形式和电子期刊相比，传统的纸质期刊在某些领域存在着很大的差距。随着人们对电子期刊的需求越来越高，各种电子期刊开始在市场上涌现。很多传统的媒介都开始使用电子书，而数码杂志的出版也相对于纸质的期刊更加便捷，只要利用科技的力量将它们的信息进行整理，然后上传到网络上，这样就可以节约大量的工作，它的便利程度是众所周知的，所以网络也被誉为"人人的数码发布平台"。现在有了微信和微博，发布的速度就更快了，注册一个帐号，就能自己修改自己的文章，再通过各种文字工具，将自己的新闻传播出去，这不是一种新的营销手段吗？

数码杂志的发行进程比纸质刊物要好很多，但这并不代表它没有存在的意义。电子出版物可以增加刊物的影响力，让杂志拥有更多的受众，而数码出版也会对印刷行业产生好的影响。数码出版对传统印刷业的冲击很大，不过这几年倒是出现了一个新的变化，数码出版物既能让人心动，又能让一小批人成为纸质刊物的人，总会有些人会为了欣赏内容而选择纸本。可见，印刷本的发行是必须的。目前大多数高校学报都有电子期刊，但主要还是以纸质期刊的形式发布。

2. 阅读方式的改变和受众群体的窄化

随着数码时代的来临，人们的生活发生了巨大的变化，而读书的方式也发生了巨大的转变。以前，在纸质媒体流行的年代，读书是一种很高雅的行为，一般都是受过良好教育，又有一定文学基础的人在进行阅读。随着新闻媒介的普及，民众教育程度的提高，纸媒阅读就成为了一种常态。每天早上起来，一边吃早饭，一边看报纸，这对我们国家的整体阅读水平也有很大的帮助。在今天的数码世界里，通讯技术的发展，让成千上万的新闻都可以在同一时间呈现在每个人的面前，越来越多的年轻人不再依靠报纸来获得新闻，而是用自己的手机、微博、微信等方式来获得更多的信息。很明显，在这种情况下，人们的阅读习惯会有很大的变化。

（1）碎片化的阅读正成为主流

在漫长的历史进程中，人类的发展历程可以说是一段漫长的历程，科技的进步带来了各种新的技术，而新的科技手段则不断地推进着社会的进步。随着数码科技的发展人们也渐渐习惯了这样的生活，他们已经很少能真正的安静下来去看一部小说了。相比起纸质报纸、期刊杂志等，现在的人更多的选择是通过手机上的 APP 来获得更多的资讯，这是因为新媒介的碎片化特性更适合现代人的生活。而现在，新的科技已经让很多人上瘾了。

事实上，数码科技的发展并不意味着要彻底抛弃旧有的传统，而要注重挖掘其精髓，去除其糟粕，充分发挥自身的深度剖析的优点，并将新的潮流元素融合在一起，让它更"接地气"，这样才能与时俱进，才能让读者关注。

（2）缩小受众群体

面对汹涌而来的电子读物时，许多专家和学者都认为，缩小受众是传统媒介突破困境的一个主要途径。在"旧媒介的淘汰理论"刚刚兴起之时，而这一战略确实为传统媒介带来了生机和希望。但这实际上是一柄双刃刀，缩小了的受众群体,就代表着他们不会迎合大众,而是专注于专业,以获得更多的关注。但这也会带来很多问题,比如发行规模不大,收入不高,影响力有限等等。所以缩小受众群体对于传统媒介来说,能否能真正实现长期发展,还有待于深入研究。

3. 探索与读者相匹配的出版方式

以前的纸质期刊和图书,都是按照原来的形式进行的,不过很显然,这些年纸质期刊的销量也发生了很大的变化,比如当当网、亚马逊、淘宝等,这些都是主要的销售平台。网上书店之所以这么火,主要是因为互联网的种种好处,比如打折、精准的、快速的、便捷的购物。除了这些书籍、期刊、杂志之外,大部分的创作者都喜欢将自己的新小说上传到网络上,这样既节省了大量的工作时间,又可以通过网络和用户进行交流,根据自己的喜好修改小说的剧情,所以现在的电子书在年轻人中很受欢迎。

网络书店的兴起,说明传统的出版方式在当今的读者群体中越来越不适应,寻找新的出版方式成为了一个亟待解决的问题。现在,绝大部分出版社都建立了自己的网站,并且将自己的书籍发布出去,让用户可以在网上找到自己需要的书籍,但这些出版商的网络服务还存在一些不完善的地方,所以要让自己的产品更好的满足读者的需求,还需要一段时间。

每个出版商都在为更好的适应新的环境而奋斗,但他们的实力还是太弱了,他们的网络空间太小,要跟网上的书店竞争,必须要有一个统一的网络服务。通过运用大数据技术,将不同的出版商的信息进行集成,并通过一个联合的网络购物系统,为用户带来了比在线图书更好的体验。比如,更快捷的网络售货,更好的产品。

目前,高校学报在寻找受众的过程中,并没有采取太多的措施,一是由于期刊没有面向市场销售,二是由于期刊的受众群体相对单一,所涉及的领域相对狭窄,难以满足读者的需求。

第二节　高校学报的现代化建设与价值取向

一、高校学报的现代化建设

在"信息爆炸"的今天,由于文本的数量急剧增加,以及各种媒介的改变,使得读者对信息的接受能力和时间都有了更高的需求。特别是最近几年,随着互联网技术的飞速发展,传统的编辑出版方式面临着危机,而信息资源的丰富性和强大的技术能力也为编辑出版事业的发展提供了一个全新的机遇,它可以有效地推动期刊的编辑方式、发行方式和周期,同时也加速了学术的传播,使得期刊的信息能够在期刊的窗口中得到及时的传播。随着信息技术的发展,传统期刊的编辑工作进入了网络化的阶段。随着计算机写作、软盘投稿和网络投稿的兴起,期刊编辑必须对编辑行为进行反思,减少"冗余环节",实行计算机编辑、录入、排版、校对等现代工作流程。

(一)学报编排校一体现代化的必要性

1. 解决人力不足、刊期短、信息量大的矛盾的需要

高校学报编辑室的编辑人数少,无法确保每个领域都有一名全职编辑,而编辑又要做很多繁杂的收稿和发行工作。而在当今社会,由于资讯的迅速传递,对期刊的反应速度提出了更高的要求。尽管学术刊物的发行是有规律的,而学术刊物的发行期也比较漫长,但是由于期刊发行周期的减少,使得读者的预期期限有所减少。学术刊物要有较高的学术品质,编辑部门就必须要加大编审工作的力量,采用现代的组织方式和管理方式,把更多的时间放在工作上,这样工作效率就会提升。

2. 缩短学报发表周期,提高学报工作效率和出版质量的需要

由于传统的排版过程,使得编辑部门高度依赖于印刷企业,造成了期刊的错误率高、效率低下、时间长、成本高。在当今社会,由于信息的迅速增长，人们往往以生产的品质为代价，来换取产品的数量。编辑部的编辑、排版和校对过程在电脑化的执行之后，由编辑将文本储存在磁性媒体中（通过磁碟或网上的形式提交），编辑们利用电脑对其进行编辑处理，最终由电脑排版打印出来。由于磁性媒体中的文本始终处于磁性媒体的状态，原始文本仍然是原始文本，因此没有"是非"之分，也没有"异同"之分。采用这种方法发表的期刊应当具有最高的品质和最有效的发行效果。编辑利用电脑协助校对，减少错误的几率，减少校对的程序；减少了编辑、校对和加工的修改；在印之前，编辑部门和印刷厂减少了争吵，可以把精力放在后期的印刷上。按照这种方法，可以减少出版时间，改善出版品质，增加稿件的处理量。

3. 因特网时代的需要

根据国家教育部门的计划，高校要完成校园网建设，全国范围内的所有中小学都要实现联网。目前，大部分大学和研究机构已经开始使用互联网。而在所有投稿中，来自编辑部的网上投稿占据了很大一部分。在网络环境下，期刊编辑必须采取现代化的编辑方式，以适应网络化时代的需要。

（二）学报出版编排校流程现代化的实施

1. 强化编辑的技能训练

省级新闻出版局、科技厅组织对在编编辑进行分批次的培训。通过对符合条件的人员进行培训，并发放相应的入职证书。编辑训练课程：基本电脑系统操作，电脑中文录入法（五笔、智能 ABC、二笔输入法等，需精通一种，并加上一种辅助输入法）、电脑排字（BD 排字、方正维思、飞腾、文捷排字系统等）、网络知识（上网、收发电子邮件、网上检索文献、简单网页编辑）等。教学目标：基本计算机系统操作，中文输入法，专业排字系统，使用 Photoshop 图形加工软件，常用计算机校对软件（例如"黑马校对系统)"的应用，以及一般网络常识等。

要想完全地实现出版业的现代化，光有一次或几次的训练是不可能的。要为编辑营造一个良好的工作氛围和条件，包括舆论、观念、技术、物质等方面，还要争取到校方的谅解。

2. 创造编排现代化的工作环境

当前各大院校已经建立起了校内网络，各期刊编辑部都配备了电脑，并具有一定的物理条件。在师资培养和资金条件逐渐好转后，要实现期刊编辑部配备一台电脑，利用同一编辑排字软件作为"期刊内部局域网"，实现在没有纸张的条件下，完成整个编校的过程。

3. 编排校现代化模式下的工作流程

要使编校的工作方式达到现代化，必须对编校工作进行再评价，

找出在这种工作方式下可以整合、删除、或者必须添加的部分。投稿分为电脑稿件（电子版）和纸质版稿件。若采用人工操作，则无需反复输入，即可在电脑屏幕上对稿件进行编辑处理；对于后一种情况，在收到原始文本时，可以首先对其进行初步的审核，其主要问题是章节的组织、基础的内容是否齐全。

在原稿的结构和内容上，只要不存在什么问题，那么，编辑就可以把文章的题目写出来，将其输入电脑，并进行格式上的一致。在输入原稿时，必须经过电脑的一次校正和修改。

输入后的文稿已经变成了磁碟，编辑将对其进行电脑的剪裁和排版形式的修改。在编辑进行正式的编辑工作之前，不管是一份磁碟或一份纸质的文稿，都应当是一份已经被转化成磁性媒体的文件。编辑运用电脑辅助手段，对稿件进行增、删、改、调等具体的处理。并对初排的毛料图案进行整理，边改边展示排后效果，直到达到满意。

经过电脑编辑后的原稿，可以由电脑进行二次校对，也可以印刷出样件或由电脑安排手工校对，这时的校对就是编辑工作的延续，主要是校对正误和检查排版的形式。如果还有其他问题，可以回到编辑部进行修改。电脑对"定稿"进行了剪裁，然后用一台镭射机打印出来，以做最后的审核。

结合编审工作的改革，应以收稿、登记、作者管理、发行管理数据为依据，构建期刊编辑管理体系。与作者和审稿人的各种信件和稿件，尽可能地通过网络传递。

4. 提升学报排版的自动化

学报的风格具有其相对稳定的特点。特定学报的封面、书目页的格式、每卷的标题、排版方式、标准化方案、年终总目等，均在一段时间里保持统一，从而为排版的固定模式奠定了基础。将各卷不动的版块当作一个固定的版式，在排版过程中，仅输入内容，由计算机自动排版，从而节省大量重复工作，极大地提升了排版的自动化，同时也便于确保严谨一致，降低错误率。这要求更多的努力在发展的过程中，但是长期来说，它仍然很有价值。

与以往的学报编审方法比较，编审过程的现代化是当前学报编审工作的必然趋势。目前，高校和科研院所大多已接入互联网，但还面临着诸多问题。目前国内文字处理、图形图像处理和混排印刷技术还不够规范，还没有建立起与学报编辑所采用的软件和标准的网络技术相结合的软件，使得论文的作者不能做到真正的无纸化；各高校学报编辑室的扫描和输出器材和其它软硬件还需改进。

（三）高校学报在互联网环境下的工作方式

1. 高校学报信息化和网络化的需要

在当今的信息经济时代，由于电脑的使用越来越普及，电脑的信息处理能力越来越强，使用的网络也越来越广泛。因此，信息的收集、组织、传递和管理都将会产生根本的变化。知识和资讯的爆炸式发展，与资讯科技、电脑、多媒体、网路及通信等技术的融合，使资讯科技的储存、传播及实际运用的效率大大提升。实现各个领域的信息化是实现现代化的先决条件，而高校学报是今后信息网络结构的重要组成部分，必须与时俱进，把现代化的高科技应用到编辑室的编辑和出版工作中去，以适应"高效、快捷"的时代需求。

3. 高校学报网络化办公新模式

（1）信息处理的数字化

在这个高度发达的时代，资讯即是效能，也就是生产力，不论是科技、物质性、社会科学、精神生产，都与资讯功能息息相关。随着科技水平的突飞猛进，学术期刊的知识量、文献量不断增长，学报编辑肩负着越来越重要的社会职责。高校学报是存储与传播信息的重要媒介，其首要的工作就是收集、整理、选择、加工和传播信息。在审核时，编辑也要对文稿中的某些问题进行核查。而验证，则是一种对数据进行查询的方式。在"信息爆炸"的今天，编辑无法将相关资料全部翻阅，因此必须采用新的信息加工、存储和传输技术，这样才能在最短的时间内获取更多的信息。

清华大学于 1995 年创建了中国首家超大规模的知识库。该图书馆与国内 5400 余家期刊编辑部紧密协作，将其全部的内容进行了数字化整合，建立了科学技术与社会科学各个学科的全文数据库，并借助世界领先的文献全文检索体系，通过光碟、互联网作为媒介，不断地更新，向我国以及海外高等院校、科研单位和政府部门等各行各业企事业单位以及社会广大读者，提供了知识信息服务。目前，全国所有高校学报的全部资料都可以从这个资料库获取，并透过全国各地的"CNKI 资料库"，以及遍布全国和全球 600 余个站点，进行学术交流。

因此，在现代大学的编辑工作中，信息处理已经变得十分必要。现代知识信息的加工和处理都是由电脑来实现的。所以，要实现数字化的编辑和出版工作，就必须实现数字化，即实现编辑过程中对信息的加工和处理。

（2）编辑排版的电脑化

当前，我国高校学报均采用电脑进行排版，相当大比例的期刊采用了专用的印刷技术，自行设计。要使学报工作达到现代化，必须具备现代编辑观念，熟练运用电脑技术。高校学报的编辑与出版工作正朝着整合的方向发展，在学报编辑工作中，编辑工作的分工日益模糊，编辑、校对、出版等各个环节都由电脑组成。因为编辑是自己动手操纵电脑，所以对文稿的处理，包括改错、增删、调整、规范化处理、制图和排版的处理，都可以根据编辑的想法和意愿来完成。编辑可以根据需要利用电脑修改每个段落的内容，在任何时候插入、删除、移动、填充和修改文档，或者是重组，创建一个崭新的风格。编辑也可以用电脑来画出图形。

综合编审为实现编辑的工作适应性开辟了一条新途径。现代电子化技术在学报编辑中的运用，能够减少编辑的工作量，缩短学报的生产过程，促使学报的工作方式发生变化，从而使学报的工作效率和质量得以改善和提升。

（3）编辑管理的"软件化"

高校学报的信息化建设是实现学报编辑管理"软件化"的关键环节。首先，我们要思考的是如何实现"办公室现代化"，即如何处理好学报稿费、经费管理等。编辑室一年要接待很多文稿，每次征稿都要通过登记、联系作者、审稿、编辑、排版、校对等工作。编辑往往要耗费很多的精力去征询处理意见，还要去寻找、复函，办公效率低下，所以编辑部要购置或自己开发一套编辑部管理系统，包括"文稿处理系统"、"审稿专家系统"、"学报发行系统"、"编辑部办公室管理系统"等。编辑收稿后，将稿件从审核到发排的整个流程都由管理系统进行管理，并将各个环节都记录在系统中，方便读者随时掌握审稿的进度，并自动生成各种回执、审稿单、目录、工作量统计表、稿酬管理表、打印邮箱等，大大提升编辑的工作效率。

由中国专业刊物（光盘型）和清华大学同方光碟科技有限公司共同研制的《编辑室》综合管理系统，无偿提供 CNKI 系列数据库所收录的各大院校学报编辑室，是一款优秀的编辑管理软件。

3. 网上学报的编辑与发行

（1）网络计划的主题选择

编辑的中心工作是全面、快速地获取相关资料、搭建联络通道。互联网特别是网络专业的资料库具有丰富的信息、快速的时效性、较强的交互性和查询性。因此，运用互联网策划选题和网上组文是在现代科学技术背景下学报发展的一个主要趋势。

①查找有关资料。利用互联网查找有关作者的资料，了解国内外的研究进展和有关的情况。

②构建主题资源库。收集国内外科研项目的相关信息，建立一个项目库，主要有各科研院所和高校的科研项目、科技攻关项目、自然科学基金项目的相关信息，主要有项目负责人及主要成员信息、项目来源、负责单位、已有成果、项目起止时间等。

③选择题目的计划。根据已有的选题数据库,结合国内外各学科发展的前沿,对学报的选题进行合理的设计与策划,并在一个特定的时间段内,明确论文的研究重点。

(2) 网上投稿和网上评审

论文的写作质量决定了学报的质量,而论文的选题、组稿和审核对论文的品质起着决定性作用。然而,由于采用常规的"组稿"和"审稿"方式,往往需要一至两个多月的时间,而在国外,往往需要3至4个月的时间。目前,随着互联网技术的迅速发展,高校学报能够充分发挥互联网快速、交互性和快速查询的优势,设立编辑室邮箱,实现网上稿件网上提交;采用在线组稿和审稿方式,极大地减少了工作过程,利用电脑和互联网,对投稿人进行审核。互联网为编辑室与作者、读者的沟通提供了便利,同时也节省了大量的人力物力。

(3) 出版物的使用和网址的建立

网络是实现信息传播的一种有效方式,尽管电子书无法替代纸质期刊,但是它仍然是高校学报发展的必然趋势。在推广和联系作者和读者方面,学报网络的作用尤为显著。清华光盘为各期刊提供了良好的网络资源,为期刊的全文库、电子邮件邮箱、网址等服务,各编辑室利用自身的网络资源,将每一份期刊的中文、英语的内容和有影响力的论文都上传到网上,以方便广大的读者浏览。与此同时,使世界各地的读者都能了解期刊的概况,使期刊的影响力进一步提高。当代通信技术给高校学报工作提供了前所未有的机会。

二、高校学报在市场经济条件下的价值定位

价值观念是一种价值的哲学概念,是指某一特定的个体在处理各种矛盾、冲突和关系时所采取的价值立场、价值态度和价值取向,它覆盖了社会各个领域、各个层面。在瞬息万变的社会,人的价值观呈现出多姿多彩的色彩,整个社会的活力空前旺盛,但也呈现出无序与失范的状态。因而,作为一名有"忧国心"的人,尤其是知识分子,在各种途径上都在呼吁理性的价

值观。

高校学报作为高校学术研究的文化阵地，在传播信息、荟萃知识、繁荣学术、发展文化的同时，在我国积极推进经济体制和经济增长方式的根本转变，建立较为完善的社会主义市场经济体系的新时期，尤其须全面而完整地把握与坚持质量意识、精品意识、创新意识的价值定位和价值取向。

（一）质量意识

作为一种独特的学术与文化媒介，高校学报的主体是学术性，因其自身的特殊性，必然会制约其走向市场化。不可否定的是，市场化的竞争体制必然会推动学术期刊的蓬勃发展，但现阶段的不健全状况对学术期刊的发展也产生了一定的消极影响。那些真正有意义的学术成果，要么不能满足大众的阅读习惯，要么被淹没在众多的类似著作中，而没有得到大众的关注。学术期刊在追求利润的同时，也会偏离其本身的价值，从而产生"非学理性"的趋向。这对高校学报的定位提出了新的要求。在激烈的市场竞争中，高校学报要能立足，寻找生存发展的空间，首先要加强质量意识。

质量指的是"产品、工艺或服务符合特定需要或需求的要素或特点"。高校学报的政治素质是高校学报的重要组成部分，高校学报的改革离不开其政治素质。期刊的质量是一个主要指标，它反映了期刊的品质。学术品质是学报的重要组成部分，也是学报发展的命脉。没有了学术品质，就没有学报的质量。学报的学术价值、理论活力、指导功能和社会价值，都取决于学报所发表的学术文章的质量。很多学者和专家都对如何改进学报的质量进行了较深的探讨。具体应从以下几方面进行：

一是调整学报的工作方向。学报既要反映出学校的教育与研究水平，又要成为学校的一道窗户，更要让学报成为一支新的力量，在社会上与人争锋，在投稿、发行以及整个办刊理念上，使学报更具活力；二是要坚持思想上的开放性。在选择论文时，应抛弃"内向型"、向"开放型"转变的态度，使学报拥有更多的投稿空间，从本质上改善高校学报的综合素质；三是要强化编辑的规范化观念。学术期刊的规范化程度是学术期刊的重要组成部分，要想使学报的质量得到进一步的发展，必须在编排格式、数量和单位、图表、数字表达、专业名词术语、引用等各环节上达到统一的要求。强化编审工作的责任心，认真负责，减少错误率，提升质量；四是要在形式、内容上做出相应的改变，以提高学报的信息量、提高学报的易用性。这是确保学报质量的先决条件。

高校学报的质量提升，不在于其在经济上是否能带来多大的利益，而在于其高质量的学术水准，赢得广大读者的认同，以及在较高质量的基础上，实现某种程度的商业运作，进而在社会中发挥应有的功能。

（二）精品意识

数千份高校学报成为了国内学术期刊领域一幅靓丽的风景。每个编辑都希望自己所编的期刊能够在这个世界上独树一帜。一份期刊要在众多期刊中建立自己的品牌、塑造自己的个性、脱颖而出、博取广大读者和创作者的喜爱，就需要加强精品意识。

高校学报是特定历史条件下经济和社会发展的产物，同时也要为特定的经济和社会政治提供服务。在经济体制的不断完善中，高校学报必须顺应市场经济发展的需要，才能在市场经济条件下生存和发展。而高校学报要想达到自己的目标，只能走发扬、弘大的学术之道，把学术作为自己的生命之源，更好地为人类所用。现代社会文化知识对人类的发展具有举足轻重的地位。从宏观的角度看，它已经对我国的发展和工业发展的方向、结构和水平产生了一定的影响和限制；从微观角度看，一个商品的价值多少与它所蕴含的文化内涵有关。学术期刊要做好，才能为社会主义市场经济做出更大的贡献。

在当代，媒体的影响力越来越大，越来越受到消费者的重视。学术期刊也同样如此，如何以何种形式面向社会、面向广大的受众，是每个编辑必须认真考虑的问题。而对于大众来说，他们更期待的是更多的高质量的作品。优秀的学术期刊是一种具有一定价值的无形财产，能促进期刊的影响力，提升品牌形象、吸引读者，并创造良好的社会和经济效益。

高校学报是高水平、综合性的学报，其对质量要求更高、更严格，更具有自己的价值尺度和个性特征。它的基本准则有：一是政治取向要有一个正确的定位。这是办好期刊的第一条准则。高校学报肩负着振兴我国社会主义文明、推进社会主义现代化、全面提升全民的思想品德和科技文化素质的任务，就需要保持正确的政治取向。这是学报的生命力，也是它的生存之本。二是发表的论文要具有鲜明的学术特点。其发表的论文要么具有鲜明的研究领域；要么基于已有的研究，但其成果明显高于以往，属于"较高层次"；或者弥补了该学科的不足，使得该学科更加系统化和完善；又或是开创了一个全新的学科，开辟了一个全新的天地；或是运用现有的研究结果，对实际问题进行分析与求解，等等。总之，优秀的论文一定要有较好的学识。三是组成要素要有自身的文化品位。所谓的"文化品位"，既是期刊的"思想"、"学术"的具体表现，又是其自身的审美情趣、审美要求和审美理想。并且，所编写的稿件结构严谨，文字清新，语言优美，蕴含哲理，论析精辟，富有感染力。四是印刷装订要精美。期刊质量好坏与诸多要素息息相关，而封面的包装设计则是体现期刊个性特征的一个主要手段。封面装订的好坏直接影响着出版物的审美。优秀期刊的包装要与众不同，个性鲜明；只有通过这种方式，才能使人产生审美趣味，从而引起人们的阅读兴趣。将高校学报打造成为一份优秀期刊，将人文精神献给社会、为广大受众服务、为广大受众所接受，才能以一种不死不休的精神去博取受众、获得市场。

（三）创新意识

人类的持续发展有两大因素，一是族群繁衍，二是文化传承。"文化传承"就是保持和传承一个国家和民族的一种文化形式。我们先辈的文化传承经过了几千年的直接吸收、理解和消化，这一接纳和吸纳本质上是一种价值观的传播，一种对文化的价值的认同感，是一种跨时代的一种文化纽带，而这一传承则是与文化的革新结合起来的。一个国家和民族，如果没有继承与创造，就必然会走向消亡。作为人类文化传播的一种主要的书面媒介，期刊在形成和传播人类知识和文化、推动人类文明方面具有重大的历史意义。敢于开拓、敢于探索、追求真理的期刊，能够将我们民族优秀的传统精神传承下来。

创新是期刊的生命和精神所在，是期刊发展的起点与落脚点。创新是什么？就学术期刊来说，一是引进新的资料、新的思想和新的思路；二是运用史料，形成新的观念；三是运用史实资料对先辈的判断进行进一步的证明，诸如此类。对待问题的看法，既可以从宏观上看，也可以从微观上看，还可以从新的角度，得到新的思想的启发，这就是"创新"。

互联网时代来临，新一轮的信息变革正以前所未有的速度席卷着人类的生活。我们所处的这个社会，从宏观到微观层面都在经历着极其深远的变革。网络对于人类社会的影响非常深刻。文化是由人类所产生的，它遍布于社会的每一个角落，特定的时期，特定的民族，都是以特定的文化形态生存的：东方、西方、海洋、岛国，每一个民族，都有着自己独特的文化。互联网的发展为人类提供了广阔的、新奇的、多元的文化环境，促进了不同文化的交流、互相吸收与交融，从而促进了不同文化的交流与发展。尤其是近代科技的发展，使传统的文化在时间和空间上的观念发生了根本性的变化。

作为最新的理论、观点、技术和信息的组织者、发现者和传播者，高校学报编辑就更应当立足于时代和科技的前沿，开拓视野，把握最新、最先进的信息技术，最快捷、最大范围的利用，从而真正体现高校学报的学术价值，使高校学报始终走在学术研究的前列。当今世界是一个注重效率的革新社会，要实现高校学报的发展，必须把科学技术作为第一生产力的理念贯彻落实，要有一种特殊的视野和不同寻常的创造性，才能让自己所携带的知识和信息能够为整个社会所利用。

从根本上说，高校学报是一种上层建筑，与中国古老文明与科学技术的传承与发展密不可分，具有勃勃的生机与创新精神。因此，高校学报应该具有引导社会主义市场经济制度和发展市场经济的功能；高校学报要从高层次、高质量地进行科学的探索，以科学方法来解决从计划经济转向市场经济所面临的一些重要的理论与实践问题，为我们人类社会的发展提供多种不同的丰富的科学理论基础。

第三节　高校学报的品牌发展战略

一、高校学报品牌的概念与特征

（一）探讨高校学报的品牌价值

学报的品牌是什么？就像是对一个牌子的界定，国内外都有很多的解释。中国学报学会根据对学术成果的全面吸纳，提出了学报是指把"质量"和"信用"视为"生命"，在内容、创意、手法、形式、风格等方面走在前列的"冷门"期刊。学报的品牌是一种具有深厚的内在文化内涵和外在完美气质相融合的高智能产品；而那些具有品牌的学术期刊无疑是最受欢迎的，其所带来的心灵营养远比他们所花的钱要多；学术期刊的品牌是人们心灵的恩赐和精神天使，在使人愉快的心情下，能把人带入趣味相投、相互启发的交友氛围；具有品牌的学术期刊是作者所向往的出版领域；这是一种强大的力量，让所有的作者都要尽心尽力、唯恐自己的作品水平跟不上而被淘汰。具有品牌的学术期刊以自身品质方面的权威性推动着期刊的发展，尤其是在不断发展的行业中，成为一种越来越强的元素。中国高校学报的品牌，是走向世界期刊的大门，迎接国际期刊市场的重量级竞争者。学术期刊的品牌代表着一个发达的文明，在全球纷繁复杂的学术期刊中，你可以从是否有期刊的牌子来辨别哪个是"文化的巨人"，哪个是"文化的侏儒"；学术期刊的品牌在社会变革和社会进步中起着举足轻重的作用。

中国学报学会给出的对高校学报的评价，尽管并非是最具权威性的回答，却是目前为止在我国对高校学报的一个较为完整的表述。然而，应该注意的是，这个评价体系主要集中在期刊的学术品质、社会影响力等方面，并没有规定期刊的品牌，特别是期刊的经济价值。事实上，经济指标是一种重要的品牌，这也是国家新闻出版署所重视的中国期刊品牌建设，从产品经营到品牌经营，以杂志为产业化发展、以经济利益为导向的目的。

（二）高校学报品牌的概念与特征

高校学报是一种既不同于一般的大众刊物，也不同于一般的商业刊物，但是因为是一种期刊，因而与其它期刊有着相同的性质。所以，在界定高校学报的品牌观念时，我们应从前面的界定入手，对其进行理性的选择，从而得出高校学报品牌的概念。

高校学报的品牌，是高校学报编辑、出版部门的办刊人员根据其既定的办刊宗旨和方针而精心打造的，具有先进的文化内蕴、鲜明的学术成果特征和学术质量品位，以及独到的装帧设计风格，并在刊名上冠有以学校名字或标志，同时遵循某种学术标准和编辑出版技术规范的学术刊物的整体面貌。它具有良好的社会声誉，可以为期刊的经营单位创造一定的社会和经济价值，是其外部形象和内部质量的有机结合。

（三）创建高校学报品牌的指导原则

"原则"，是以言语或行为为基础的法律或准则。要建设高校学报的品牌，就要遵循以下的原则。

1. 政策方向性原则

高校学报的品牌建设必须首先搞清楚以何为导向的问题。这是学报的一个基本问题，也是学报的发展趋势。在任何一个国家，都不能有超阶级、超政治的教育。所以，在打造高校学报品牌时，要坚持以"政治方向"为核心的学术办刊思想，要做到"讲政治"、把握好舆论导向。要清楚一切报刊都不是私人的，也不能用来牟取个人或集体的好处，而是作为一个重要的意识形态和传播媒介。"所以，我们要做到政治上，要有立场，要有责任，要对每一期杂志的出版进行严格的审查，要按照政治家的办刊标准，让它始终保持正确的政治方向，为社会主义精神文明服务。"而这正是"学报品牌"建设中的"灵魂"，也是判断"品牌"与否的一个基本准则。这一点，不但社科期刊要遵守，而且也包括自然科学期刊。自然科学期刊要做到政治上的指导性，就是要以发展生产力为指导，以科学发展观为指导，确保自然科学和科学技术论文的编辑和发表，不能泄漏国家机密，坚决地维护国家的利益，并能为社会主义现代化物质文明、精神文明、政治文明的建设和发展起到积极的促进和推动作用。

2. 个性凸显原则

"特色"是一个东西与其它东西相区分的特征。高校学报与其他学术刊物的不同之处，就是因为它是以大学的教育、科学研究为宗旨。所以要突出高校学报的特色，就要把握好两个基点：一是要体现在学术水准上。"学术者，天下之公器"，把学报刊载的论文的学术价值衡量，所发表成果在科学理论、科学方法、科学技术等方面的先进性与否，作为衡量学报学术价值的尺度，努力实现在学术价值追求上维护学术精神的核心，塑造卓而不群的学术品位和文化个性。二是要体现在学术操守上。以教学科研、学科建设和人才培养为核心，树立科研的科学精神。引领教学科研潮流，弘扬科学人格，恪守学术操守，避免学术浮躁，扎扎实实地去实践"有思想的学术和有学术的思想"，薪火相传的学术使命，彰显高校学报风格的一贯精神。

3. 效益兼顾原则

利益平衡是指利益和收益相结合的基本原理。高校学报是以学术为目的而存在的，不以营利为目的，以社会效益为宗旨，这与"为社会主义、为人民服务"的总体方针相一致。但实际上，高校学报自身以固定的版面费向外界征集（不论数量多还是数量少），都属于商业行为。随着知识经济的发展，中国的学报与国际学报的融合，随着国际学报行业的涌入，对中国的学报业产业了巨大的影响。长此以往，高校学报依靠计划经济的支持，依靠高校财政支持，享受计划经济时代的繁荣，将会被彻底的颠覆。所以，高校学报的品牌建设既要直面现实，又要注重市场化经营，注重市场营销，力求做到"社会效益和经济效益的完美融合"。

4. 标准化和规范化原则

标准化、规范化是中国期刊走向未来、走向世界的先决条件，是打造高校学报的重要基石。一所大学要想打造自己的品牌，跻身国内的学术刊物，走上国际舞台，必须要与国际的文化市场进行沟通，而要真正地走上国际舞台，就必须遵循标准化的原则，不然很难与国际主流的文化传媒进行交流，更无法参与到国际期刊的国际化竞争中去。所谓"规范化"，就是要把期刊的学术规范与排版统一起来，达到最佳的工作流程和最佳的传达形式。其最关键的是，要把期刊整体的编辑、出版过程纳入并遵循世界惯例，在编目上严格遵循国内等同采纳或等效使用国际标准而制定的国家标准，以及国家教育部和国家新闻出版局分别下发的期刊编排规范以及新闻出版行业标准化管理办法等一系列规范要求。这些规范的实施，真正的目的是为了让高校学报学术成果的获取变得容易，从而实现学术成果的共享，促进国际间的信息交换、传播和使用，促进其学术成果的国际化和检索，从而提高高校学报学术成果的利用率、知名度和影响力，进而尽早尽快地与世界接轨。

5. 实事求是的原则

把实事求是的思维方式应用于高校学报的品牌建设，就要从实际出发，实事求是地认识、分析、处理问题。首先，每个大学都有自己的特点，每个大学都有自己的历史，每个大学的历史、地理位置、人文背景都不一样。所以，高校学报的建立，要考虑到学校的实力和人气，提出目标方案，形成实事求是的品牌类型和层次。一所普通的地方高校是不可能突然办出一份知名度很高的学报的；而对于历史悠久、实力强大，名气比较高的重点名校，建立一家具有一定名气的学报也是有可能的。所以，高校学报的品牌建设应该是形成多个品牌的序列，各省、自治区、直辖市都有自己的特色刊物，有地方性的，有全国性的。而那些还没有建立起完整的学报品牌的大学，就可以利用自己的专业特长，开设特色栏目。同时，栏目品牌、学科品牌的建立，也能增加学报的品牌影响力，提升高校学报的总体品味。

二、高校学报品牌发展策略

（一）高校学报的品牌策略内涵

所谓"品牌"策略，就是公司针对其产品而制订的一套长期性的整体发展计划和规划，以增强其在市场上的竞争能力。通过对高校学报的内涵的剖析，我们可以对高校学报的品牌发展策略进行归纳总结，认为高校学报的品牌建设策略是指高校的学报编辑出版部门为了扩大自身学术期刊在学术领域的学术影响力和社会知名度，提高在期刊市场激烈竞争中的竞争力，在科学发展观的指导下，为所办学报如何发展为品牌期刊所制订的一系列长期性、带有根本性的整体发展计划和规划，这一策略旨在实现高校学报的品牌化。从总体上看，学报的品牌发展策略仍然具备了其总体的品牌策略特性。

作为一个品牌策略，其所涉及的问题不只是一个地区或一个个体，更多的是一个全局。所谓战略意识、战略思维和战略远景，即指从总体均衡发展的总体方针，而非局限于片面或短期的利益。在此基础上，高校学报的品牌开发策略就是制定、培育、利用和扩大其自身的名牌资源、提升其品牌价值所制定的各种具体规划。在制订高校学报的品牌发展策略时，既要着眼大局，又要充分认识各个相关要素和相互联系，要做到全面统筹、统筹管理。

（二）品牌建设策略在高校学报中的作用

一个好的品牌，就是一个强大的标志。品牌建设是指高校学报在教学、科研和学术上所做的学术成就和学术交流等方面的表现，是学术刊物的质量和学术水准的提升。在激烈的市场环境下，"品牌"的价值观早已根植于人们的心中。因此，在高校学报中开展"品牌建设策略"是非常有必要的。

实行"品牌"策略，能使高校学报在市场竞争中脱颖而出，取得更大的发展。高校学报是一种与其它学术期刊并存的大家族，它与其它学术期刊的竞争是不可避免的。因此，学术期刊（含高校学报）在影响因子、被引频次、基金论文比等内在因素上的比对和拼争，使得无论是综合类、社会科学类、自然科技类，还是教育教学类的学术期刊的竞争就显得更加激烈。每类学术期刊所面对的都是质量、效益的较量和比高。唯有推行品牌策略，以主动筹划策略为要害，创特色，出精品，以其独特的个性，高校学报才能在众多的学术期刊中立足，谋求发展，在激烈的市场中游刃有余、占据优势。

实行"品牌策略"有助于满足买方的需求，扩大市场占有率。伴随着我国期刊行业的蓬勃发展，不仅原刊的发展没有放缓，而且年年都会有大批的新刊发行。而且各种杂志书、电脑刊、电视刊等新形式媒体的不断涌现，使得我国的期刊杂志分众化日益明显，并逐步由卖方市场转变为买方市场。而在供大与求的条件下，读者、作者们在客观上拥有了"货比三家"的能力，也在逐步积累自己的判断水平和经验，从而摆脱了盲目的投稿阶段，变的理性而成熟。为此，高校学报只有不断推出质量更高、更精美、更富有含金品位的文化精品、学术名品，才能满足读者市场不断扩张的文化精神需求，才能占据更多的读者市场份额，这也是高校学报实施品牌发展战略的一种外部需求。

推行"品牌策略"，有助于推动高校学报的学术质量和综合能力的提高。品牌期刊是一种特殊的媒介和学术产物，是以大学的整体实力建设的，也是大学学术精神、教学水平、科研水平包括经营水平、编辑制作水平、宣传推广和出版水平的综合反映。而要把这些工作做好，就必须要有自己的工作逻辑，要有自己的特色，要有自己的品牌意识和努力的创新精神，要达到最好的效果和效益。只有如此，才能在市场上获得读者和作者的认同，树立自己的形象，建立自己的品牌。因此，在激烈的市场环境下，加强品牌设计、理念、行为、品牌观念、品牌意识，并实行品牌策略，是高校学报树立品牌形象的一条主要途径。通过创建品牌，不仅有助于高校学报整体素质的提高，还能推动高校学报管理水平、专业技术水平和综合素质水平的提高，加速高校学报结构的调整，加速提升高校学报的产品竞争力。

（三）如何制订与执行高校学报的品牌发展战略

大学层次与学院的发展定位，将会影响到学报的发展方向、目标与品牌价值，从而影响学报的发展策略，这就需要制订和执行发展策略。

1. 差异化——个性特色塑造战略

编辑领域的老前辈邹韬奋曾说："没有个性和特点的期刊，要想活下去就难，要发展就更难了。"在此，邹韬奋将期刊的个性特征提升到了"存在"和"发展"的层面，并以此来衡量期刊的生存与发展的高度，对于我们探索期刊的品牌发展策略具有重要的借鉴作用。特色是学术期刊的品牌，而学术期刊的品牌则是学术期刊的生存和发展之道，无个性，无品牌的期刊注定是要消亡的。从世界范围内的发展来看，如果把期刊的特色和品牌策略有机地融合在一起，那么，它将会产生世界上最优秀的刊物和最具生命力的品牌。可以说，在日益激烈的传媒竞争和读者选择越来越多元和多样化的今天，一本没有鲜明特征的期刊将无法生存下去。就高校学报来说，与其他学术期刊的竞争是一种"个性化特征"的较量，其竞争力的高低有赖于学报在院校发展、读者群、作者群、风格、内容、效益、价值等方面的巨大差异。因此，高校学报树立鲜明的个性特征就显得非常关键。

第一，确立个性鲜明的观念，坚持发展的特色。高校学报是大学学报，它的性质决定了它的特殊性，决定了它的目标群体和不同的人群。要在一定的程度上实现竞争优势，就必须确立自己的特点，培育自己的"个性差异"，走特色化发展道路。对于特定类型的高校学报来说，首要的问题是怎样做到

"人无我有、人有我优、人优我特"。"人无我有"是一种"我有"的形态，是一种试图把自己和其他人区别开来，这种区分具有差异化的表征。而在"人有我优"的内容品质方面，则是指高校学报应比其他期刊的学术水平更高，更有深度，更具有深远的影响力。而"人优我特"，则是如果其他人也拥有我的"优"，那么我就会变得更有特色，这样才能让自己变得更好，更吸引人的注意力。

第二，设置突出学校特色的专题栏目，突出学校的特色。一份期刊是否有名气、是否有自己的特点，栏目的设置起到重要的作用。可以说，"以栏目为本"是办刊的一项重大实践，这是一件很难做到的事情，特别是那些普通的地方高校学报。为此，高校学报"要做到既要坚持目前各大学的办学模式，又要根据各地实际、各校的特点和研究的特点，设置专门的栏目，以专业化的发展之路，办出自己的特点和招牌。"事实上，每一所大学都会根据自身的发展和需求，建立起相应的专业和学科的层次优势，而这种学科优势正是构筑学报个性特色和形成鲜明特征的基础。通过对特色栏目的设置，把学报的质量提升到一个新的高度，从而塑造出一个新的品牌。高校学报如果脱离了它的历史、它的特色、它的发展、它的建设、它的人才、它的学科和它的成果，那它就会成为无源之水无本之木。

第三，要充分发挥高校学报的地方优势，形成自身的区域文化特征。发掘地方文化资源，开设地方文化专刊，以自身独特的地方文化资源，突出高校学报的区域文化个性特征。中国幅员辽阔，历史悠久，文化底蕴深厚，物产丰饶，人才辈出，而我们的地方大学，则地处于地理位置各异的区域，因地理、历史等因素的影响，在文化、经济、历史等方面上有着自己的特色和优势。因此，高校学报应该综合分析所在区域的经济、社会发展状况和历史、文化特征，结合自身独特的历史和文化底蕴，进行系统的开发、研究，以期从中寻找独具当地特色的学术成果，找到建设特色栏目的切入点和突破口。实践表明，许多高校学报都是靠着这样的方式来发掘本地的文化，并在当地的人文滋养下，逐渐发展出自己期刊鲜明的个性和栏目特点。

2. 核心化——领军人才价值战略

在高校学报的品牌建设中，应以"人才"为先，只有这样，才能

把"期刊建设"的项目落实到实际中去，从而实现期刊的"品牌价值"。没有优秀的人才，就不能提高期刊的高品质，就不能有效地经营期刊，高校学报的发展也就形同虚设。为此，对高校学报品牌发展策略进行探讨，应建立以"核心型人才价值策略"为中枢的定位。

"核心化"指的是"领军人才"的价值定位，关系到期刊的品牌能否发展，"领军人才"既可以指一个重要的人，也可以由几个人构成，不管是单个的，还是几个人的，都会成为期刊的中流砥柱。

高校学报要实现自身的品牌发展，需要有雄厚的人才资源支持，而这些资源的支持，则是大学的学术研究人员与学报的编辑、出版人员"两极"。高校学报是以学术研究为基础的，它是一种高质量、高影响力、受广大受众欢迎的优秀期刊，它的存在与发展需要高素质、高水平的学术科研人才所提供的高质量丰盛稿源的支撑，由此构成了期刊品牌打造的学术人才极；作为学报的编辑，对学报的编辑、出版和发行负全面的责任，因为一份从内到外、从包装到内容都要做到精雕细琢、力求完美、能引起读者青睐的期刊精品，离不开既精通编辑出版业务、又懂选题策划艺术、善于改革创新的专业编辑人才的辛勤劳动创造，由此就构成了塑造学报品牌产品的编辑人才极。这种"两极"的人才组合策略，就像是一个椭圆的中心，共同支撑着，共同构成了一支具有战略意义的学术期刊品牌建设队伍，共同致力于打造高校学报品牌的目标和过程。也就是说，真正做到高校学报的品牌目的，与"两军"的优秀人才是分不开的，正像中国社科院主编秦毅所言，期刊的影响与学术价值归结于其内涵，即作者的专业知识及优秀的成果，与被有眼光的编辑发现并编成可流传的学术佳作。在这个进程中，既要有作者的学识，又要

有编辑和出版的人才的付出。

　　学术人才的领导力，应从构建一批高素质的作者队伍来考虑。立足于高校雄厚的师资力量，注重学术带头人的培育，确保学术期刊拥有稳定的学术资源，学术创造成果。我们都清楚，高校学报是学术期刊，学术期刊的学术水平、写作质量和技术含量的高低，直接关系到期刊的质量与影响。没有高素质的学人，就不会有高质量的期刊，也不会有期刊的品牌。在这种背景下，优秀的作者是高校学报的"衣食父母"，高校学报应该按照自己的原则和期刊的标题和主题，把注意力集中在一个能够吸引一些有影响力的学者和学者的机构上，从而形成一本高质量的期刊。在高校资源的融合过程中，最重要的是那些最具代表性的学者所发挥的作用与实力。每一个学术团体，都会有一位或者数位"领袖"，他们是领导一支学术队伍的中流砥柱，也是学术带头人，是最有号召力和凝聚力的。所以，"中枢一核心型人才价值策略"的制订与执行，其首要任务是在确认其价值的基础上，对其进行甄选、培养、建设。

　　关于编辑出版核心型的人才，从高校学报要从"政治强、业务精、作风正、纪律严的办报办刊队伍"的要求出发，培养出能够对学报的学术质量、编辑出版质量、经营发行效益高度负责的政治强、业务精、懂出版、懂经营、又敢于负责、善于管理的高素质精华编辑出版人才。《全国新闻出版行业领军人才遴选与培养实施办法》是国家新闻出版局颁布的，是全国各大媒体单位联合评选的"领军人物"。而这些所谓的"精英领袖"，则是一支编辑队伍的中流砥柱，也是一家期刊的"招牌"。按照国家新闻出版总局关于新闻出版领导人才的规定，结合我国期刊出版工作的现实情况，可以将其编辑出版精华领军人才界定为编辑核心型人才。这些编辑核心型人才应该是对期刊的编辑出版业务特别熟悉，懂得用科学的运营理念来推动期刊发展，有较高的相关学科领域学术水平和能科学地进行期刊编辑出版选题策划与编辑业务水平，执行能力强，对整个行业和系统具备前瞻性、战略性，有同行公认的高水平业绩,并取得过相关成果或获得过相应级别的省部级新闻、出版奖项的兼具学术文化特征和市场气质的复合型人才。这种领导型的编辑核心人物往往是一位有能力领导一份期刊或期刊的知名主编。没有一位或数位知名的期刊主编作为后盾,其学报的整体品牌形象就难以树立或者即使树立了也难有效力。所以,学报编辑的优秀人才不仅要靠自身的主观能动性,还要靠组织的大力挖掘和培育。

3. 协作化——同质异构联盟战略

所谓"合作"即"同质性"的联合,是在两个以上的企业中,为了达到自身的经济收益或特定的品牌目的,在各自的品牌之间建立起一种相互促进的合作关系。要注意的是,"同质异构"这个词最初来自于一种形式的图画创作,它的意思是利用一种形式,在形式上进行灵活的变换,使之重新组合为各种不同的思想和语言形式,从而产生新的视觉形象,展示新的艺术价值。将其引入到高校学报的"同质性"发展策略中,就有了一个新的意义,它的基本含义就是将同层次、同类型、同性质的高校学报"同质"的特定元素结合在一起,从而在期刊的结构上产生"不类而类"和"类而不类"的新型组织形式或元素,从而达到创建新的视觉效果和展现新的品牌价值的目的。在客观上,在不同的高校中,尽管他们在建立自己的学术期刊的目的时,都是独立的,彼此的利益是完全相反的,可以说是"冤家"。但他们也是可以并肩作战、共事的盟友和伙伴。这种新的协作方式是由马来西亚亚洲策略与领导学院的戴托迈克尔·约提出的,即"竞争和协作并存"。戴托迈克尔·约表示:"在当今的全球化环境中,竞争与协作都是必要的。有些地方我们要有竞争,有些地方要有协作。我们的发展方向是竞争和协作,我们可以在某些方面进行更好的协作,并在其它方面加大了竞争。这是一种全新的合作方式。"在此全新的合作方式下,"协同"是高校学报品牌的一项发展策略,其实质是选择同类型、同层次、同质量的高校学报进行联合,要求联合的内容和对象应该是对对方有较强的针对性和特色，而这种针对性和特色对自己的影响无足轻重，但对别人来说却意义非凡；而且，这样的结盟与合作应该是针对特定地区的资源或市场进行结盟，利用自身的长处，开发新的区域产品，同时注重资源的分享，真诚的合作，以达到共赢。实际证明，只要真正工作到家了，实现这种协作是能够发挥功效的。

总之，无论是竞争还是合作，都必须遵守一个基本的准则，那就是尽量避免和竞争对手发生冲突，这对谁都没有好处。只要大家共同地"抱着良好的愿望去发展同竞争对手的良好关系时，竞争对手也会成为该经营中必不可少的'朋友'，那么各方都会乐于利用尚未有对手竞争的资源转移到不与其他物种发生重叠的生态位去，或尽量在少重叠的生态位中生存和发展。"

4. 多元化——多元叠加延伸战略

企业的长期品牌策略要随着时代的发展和市场的变动而进行适当的适应，同时还要在人们的心中持续地记住和了解这个企业的品牌。而在此期间，企业的品牌拓展就显得尤为关键。由于品牌扩展是一种新的整合策略，以适应市场的激烈角逐，其目标是在原有的单一品牌的基础上，不断地扩展和多样化，从而创造出更多的新的产品，增强企业间的竞争力，进而获得更大的利润。这种扩展策略对于母体的帮助很大，它可以通过扩展母体的衍生产品来提高与顾客的联系，从而提高顾客对产品的认知，进而提高产品的价值。

高校学报的品牌同样适用于扩展的多重策略。如果期刊能够在市场竞争日益加剧的情况下，迅速寻找合适的地理位置，适时地发布新产品，从而达到"翻身"的目的，这就可以扩大期刊的影响力，提高期刊的知名度和读者的忠诚度，从而增强期刊的品牌竞争力。那么，高校学报的品牌扩展策略是怎样实现的？在对品牌扩展的研究中，可以借鉴两条途径：一是以原来的品牌为主导，开发符合其原品牌特征的系列，由此扩展原品牌家族，构成"品牌伞"。二是对所生产的品牌进行单独的命名,不同的品牌都会有不同的名称,即使同一类别的品牌也会有不同的名称。对上述这两种形态进行了剖析和对比,我们可以根据两者的共性,总结出"多元"的内涵,从单一的品牌走向多元化,并以"多元叠加"的策略,也就是将单一的品牌扩展到多元化,从多元的扩展到多种产品的叠加效果,在这一过程中做大做强品牌,强化品牌竞争力。

"多样化的扩展策略"对所有的期刊都很有吸引力,"因为品牌扩展的成功,会给新的产品带来新的价值和意义。"不然的话,很有可能适得其反,非但没有成功,反而会给自己带来麻烦。为此需要做到,第一,在运用多重重叠的品牌扩展策略时,我们应该更加小心,不仅要考虑这种策略的好处,还要考虑到可能的风险和负面影响。从分析中找出自己为何要做品牌延伸,不仅要看清其长处,还要注意其缺点,要注意其对新产品的成功引入,要注意其对新产品的积极作用,还要对其潜在的风险及对现有品牌的不利作用。第二,要对自己现有的品牌根基和能力进行准确的评价。在品牌管理、服务、知名度、信誉以及巩固品牌忠诚度等方面,都要具备很好的品牌实力,这样的话,就可以根据自身的品牌实力来进行品牌的扩展。第三,在进行多元化的品牌扩展时,应时刻记住要加强品牌的核心,保持主要的品牌定位,同时要考虑到副产物是否与主要品牌之间有没有密切关联,若相关不大,则注意不可再盲目延伸。第四,要注重在推行多元化交叉扩展策略时,强调品牌的延续性,既要维持原产品与衍生产品之间的内在连贯性,又要考虑到品牌的使用,避免互相吞噬、争先恐后、以次压正、以次充好、颠倒黑白、破坏原有主品牌的形象。第五,要注重对品牌多元化的"度"的掌握,不要太多、太猛、太频繁地"稀释浓度",否则过多就会丧失原有的特色和内容,削弱原品牌的作用,从而对整体的策略运作产生不利的效果。第六,在品牌不断扩展的过程中,要注重始终维护核心价值观,以核心价值观为"圆心",并尽可能地与长期发展计划协调,并根据形势、综合情况作出相应的修正。

  综上所述，运用"多元化：不断扩展策略"，不仅要有理性，还要有艺术性，更要对整体的推进情况进行掌控。要从长期发展的策略眼光来看待，这样，就可以避免各种陷阱与危险，在冷静的理性衡量下，以"延伸"的方式，开拓新的领域与市场，并将其运用于增效、增益与影响的平衡之中，使多元叠加延伸战略获得最终的成功。

第四章　高校学报编辑的创新思维与创新路径

　　创造性的思维是一种创新性、突破性的思维行为，它通过新的体验来认识新的事物、发现新的关系、提示新的本质、创造新的概念和理论、建立新的体系。一个民族的创新，是一个民族发展的精神和永无止境的力量。高校学报是知识传递的主要媒介，是体现知识创造能力的一种媒介，在科技迅猛发展的今天，在激烈的市场竞争环境下，高校学报编辑只有通过持续的创新思维，并找到创新的路径，才能充分地体现出学报的活力和独特的吸引力。

第一节　高校学报编辑的创新思维与思维定势

编辑是期刊编辑和出版的重要组成部分。高校学报要达到创新的目的，必须从实践中提高编辑的创新意识和创新能力。创新能力的关键在于创造性的思考，它是以逻辑的方式与非逻辑的方式相融合而形成的一种思考行为并反映在实际工作和日常工作中。高校学报编辑要逐步培养以全新的视角去观察和思考问题，从而提升自己创造性的思维水平。

一、编辑创新思维

编辑创新的关键和主体性是编辑的创造性，而编辑的创造性则以主题的革新为中心。创造性的思维是一种创新性、突破性的思维行为，它通过新的体验来认识新的事物、发现新的关系、提示新的本质、创造新的概念和理论、建立新的体系。"组合式创新"是指以现有的思维和学说为依据，发掘出不同思维观念间的内部逻辑关系，将其整合、建构成为系统的思维系统。创造性和组合性的"创新"在其实质上是相通的，它们都不受以往的经验和传统的思考方式所束缚，敢于去发掘和创造那些带有"创新"含义的知识和东西。

（一）原创性编辑创新思维

科学的产生与发展离不开人类的生活，编辑创新的思想要从现实的生活中发掘新的主题，从生产的进程中发现新领域，从科学研究的进展中发现新成果，从读者的需求差距中发现新亮点，要从国家科技政策的调整变化中发现新趋势。

编辑的创作灵感、捕捉主题、策划创新，都离不开社会生活。只要细心观察，细心体味，就能在现实生活中寻找新的对象、新的问题、新的思路和新的途径。把握时代发展的脉搏，以编辑出版等方式反映社会人生的真实，是期刊编辑应尽的责任,也是编辑思维的基本途径。

人类的发展历程主要体现在物质生产的不断发展和进步中,因而注重社会的发展进程与变迁,反映其发展的进程与结果,探讨其技术与革新,指导社会生产的方向与趋势,是编辑创新思维的源泉。从编辑创新的视角来审视社会的生产,看看它有没有发明新的东西,有没有使用新的材料,有没有使用新的技术,有没有在新的工作方式下进行工作。期刊的首要工作是及时报导科学研究的最新进展和科技发展。要从宏观的、全面的、联系的、辩证的角度来看待问题,要以超越传统的思维模式发现具有创新性的选题。

(二)组合性编辑创新思维

编辑的创造性思维活动主要表现为组合性编辑创新思维活动,或者叫再创型创新。我们要从在对前人学说的批判、否定、再批判中确立一个新的观念,从对前人理论的修订和补充中诞生新思维;从对前人成果的拓展、变异中寻求新境界;从对各种不同优势板块的拼接、打磨中合成新产品;从异质媒体的热点中嫁接新思路;从众多品牌中补充新血液。对前人已有的成果或产品要全部或大部分予以否认,并指出其错误的根源,提出其产生的原因,从而推导出新的成果或新的产品。不管是社会科学的学说,还是自然科学的成果,在那个年代,任何一个人都会因为局限于当时的客观环境,或者局限于自己的学识,都会有一些缺陷,找到并指出其中的缺陷,提出改进、补充的意见和建议,以便更好地体现出时代的特色和发展趋势。因此,对其进行修改、补充、改进和提高,就成为了编辑创新思维的主要手段。

二、编辑创新思维方法

编辑创新思维主要是在编辑出版活动中产生的。编辑创新思维方法很多,但从逻辑思维的观点出发,可以从以下五个方面来进行探讨。

(一)逆向思维法

逆向思维法是一种富有变化、灵活多变的发散型思考方式。在特定情况下，逆向思考能使人的思想偏离原先的思想。逆向思考是一种具有广阔应用领域、具有明显创造性的思考方式。尤其是在涉及到一些新颖而又很复杂的问题时，按照常规的思路，往往会让人的思维变得困难。而现在，你可以将自己的想法反转一下，或许会有一些意外的收获。在编辑和出版工作中，经常会碰到类似的问题，用传统的思路往往没有收获，而从另一个角度进行考虑，却能获得令人称心的成果。"时而肯定，时而否定，时而具体"的思考角度，是我们编辑创新和选题创新的一个主要途径。

（二）自由创新思维法

"自由创新"是指人类在自由创作的思想过程中，想象出一个"理想对象"，从而实现对"对象"的理解。"自由思考"是爱因斯坦创立并提倡的一种具有创造性的科学思考方式，它对人类社会的发展起着不可比拟的重要影响。"创造性思考"其实就是要发展人们的想像力，使之成为一种具有创造性的才能。创意必须在想象力的引导下进行，没有想象力，就不可能产生创造性的思维和创造性的形象。根据想象的无目的性和自觉程度，可以将其划分为无目的想象和故意想象：无目的想象是一种无意识的的想象，而故意想象是一种预先确定的自觉的想象，通常是通过言语和想象来产生的。想要获得自由创意，就必须要有创意的发挥。要发展你的想象力，就要有勇气去思考。必须看到，人的思想具有无比的想象力，用科学去探索新的世界时，必须勇于"异想天开"。同时，人们的知识和经验是决定想象力的重要因素，而知识的多少和经验的多少，都会对想象力的发展起决定性的作用。除此之外，还要有思考的能力，即突破传统的、书本的、经验的、从众的框架，以原点为中心，以扩展的方式进行思考，实现辐射思维。

（三）集体智慧法

"集体智慧法"就是针对某个特定的问题，每个人都有自己的想法，力求找到更多的方法来解决这个问题。它具有开放性、启发性、破坏性和激励性。每个人都会打开自己的思路,让自己的想法变得更加清晰,让自己的想法得到更多的灵感,找到更好的解决方案。编辑学理论的产生与发展,正是运用集体智慧法的结果。

(四) 问题探究法

提出问题往往比解决问题更重要,因为问题的解答可能只是一种科学试验的技巧,但要想发现新问题,从新的视角去看待问题,就必须要有创意,这是一种真正的科学发展观。发问、质疑、打破固有的思维模式、不相信书籍、不相信权威、不被已知的结果和陈规所拘泥。提问是进行深度探究的先决条件,说明具备了某种思考的技能。要从原因、结果、规律和发展的整体上去思考问题,不要只是单纯地问问题。主动思考、大胆探究,有利于培养编辑的创造性思维和能力。

(五) 灵感思维法

灵感思维法是一种具有突发性和非自觉的创造性的思维活动。即某一个长久以来都没有得到解答的问题,因为某种东西的启发,而产生了一个新的答案,那就是"灵感思维"。灵感思维具有以下特征:一是突发性。从灵感发生来看,它是一种突然发生的思维活动。什么时候灵感会来,这是不能预料的。二是独创性。从灵感思维的结果来看,它通常会突破传统的思维模式,将人类的认知提升到新的层次,这是灵感思维创造性的表现。灵感思维如果失去创造性,它就没有了存在的意义。三是非自觉性。灵感思维常常是偶然而非有意;但这并不是无的放矢,没有经过长时间的思考,就不会有任何的启发。在思想中,灵感的出现是一种巧合,但其发生的理由是必然的。经验与学问是灵感的源泉,而灵感则是辛勤劳动与反复思考的结果;但是,灵感往往是一瞬间的,转瞬即逝,所以要学会抓住。

编辑创新思维方法是多样的,对其进行归类和归纳都是一种尝试。高校学报编辑要具有创造性的思考能力,必须坚持下去,善于捕捉一切新事物,才能有编辑的创新思维。

三、高校学报编辑的思维定势与调适

高校学报是一种以体现社会思想和教学成果的学术期刊。而与之对应的编辑工作，是根据特定的办学目标，以高校出版的期刊为媒介，对其进行鉴别、筛选、加工和优化，即通过对其进行重新编辑，从而实现对其产品的社会化。编辑对其产品的加工，其实是对其作品的重新认知。在重新认知的过程中，编辑的创造性思维既不能作为特定思维方式的产物，也不能等同于形象思维或抽象思维，它具有多层次、多成分的思维活动。所以，编辑在进行思维的创造性活动过程中，也会伴随着一些与创新不和谐的元素。

（一）思维定势普遍存在于编辑思维创新中

思维定势源于心理定势，是一个人在特定时期所形成的具有某种倾向的心理倾向。这个想法固定了一个人的思想体系，它只是一种固定的形式，也就是说，它就像一个没有装着什么东西的模型，它往往会有一个预备阶段，而一旦它被所考虑的目标所占据，它就会从预备阶段转入工作阶段。这样的运转是一种强烈的惰性。换句话说，一个人一旦形成了一定的思维方式，那么他的言行举止、行为态度等都会受到"不假思考"的影响。

毫无疑问，这种思考方式也是编辑的思想行为中的一种。在日常的编辑工作中，编辑的思想总是不能显示出自己的创造性和个性。尽管编辑的脑子里时刻都会冒出大量的信息，但因为他们的特殊思想习惯，所以当他们看完所有信息后，再也不用去思考"如何识别、加工……"了，就会自动筛选信息，分析问题，就好像一部按照既定的流程操作的计算机一样。在做出决定的时候，人们会下意识地按照以往的思路去做，而不会去寻找新的方法。

因为这个思想是在长期的实践中建立起来的，所以它很难改变。在这样的思想惯性影响下，编辑能够熟练地、自动化或半自动化地处理目标的资讯，即便是在简便易行、快速的情况下，也能减少对资讯的过滤与解析。就像我们常说的那样，有些资深的编辑，在选题和组稿方面都是出类拔萃的，尤其是在处理复杂的问题时，更是得心应手。也正是因为如此，编辑的思维方式，使编辑工作有了比较固定的标准和规定，确保了其在执行过程中的稳定性。然而，我们也应该认识到，作为一个特定的编辑工作，思想观念所带来的消极影响也不容忽视。一个在漫长的历史中徘徊的编辑，在经历了漫长的岁月之后，就会形成一种惯性的思维，最终导致了编辑的思想过于简单，没有横向的对比，也没有纵向的分析，习惯性的用一套固定的价值观来评判作品，从而导致了编辑主观观点的偏差，进而严重地影响到编辑主体对作者稿件质量的准确判断。

（二）思维定势在学报编辑创新中的典型表现

高校学报是一种有较高层次和较高专业性的学术期刊，它不仅可以体现出学术的成果，而且还可以指导其发展的走向。学报编辑要具备广泛的知识库、超前的思想视野和对时事的洞察力。编辑在面临这种特殊而复杂的精神创作活动的时候，必然要进行一次重新调整与重新适应，这种调整与适应的进程是漫长而复杂的。在编辑意识不知不觉中形成一种思维的惰性时，思维会在有意识或无意识地倾向于某个方面，从而对其进行理论的创新产生一定的不利作用和影响。主要是：

1. 权威定势

高校学报的性质，决定了学报要承担着以学术期刊为载体，发掘学术精英，对外宣扬学术研究的成果，促进学术研究的发展等。由于在多年的出版工作中，经常会遇到所谓的学术带头人、学科带头人、课程带头人的论文，他们的脑子里早就固定住了作者的文章表象，因此当再次看到这些"被学术界认同的权威"文章时心理上便带有某些倾向性，往往不经思考便认为这些学术权威者的稿件至少都是有价值和有水平的。在这样的思想观念的作用下，编辑会认真地挖掘其中所蕴涵的内容和特点；与此对应的是，对普通教师的论文因在受到其思想惯性的制约，编辑不会刻意的挖掘其内在的意义和特点。负面的后果就是，编辑会对名流和名家产生一种狂热的崇拜，会根据他们的名声来决定论文的质量；而一些无名小卒的论文，他们连阅读的兴趣都没有，就被无情地抛弃了。

2. 从众定势

从众是一种因现实或想象的精神紧张而导致被压迫者的看法和行动发生变化的一种情况。思维是一种高水平的心理活动，它的活动水平与其在人的心理上的寂寞感呈显著的比例，所以从个人的安全意识和归属感来看，它是最容易在从众的群体中产生。其具体体现在编辑的工作中，即在对论文的选择上，倾向于体现学校传统学科、强势专业的选题，偏好传统的定论，喜欢跟随先人。先贤所行之事，吾亦复之；我也是这么认为的。对于新的编辑理念和编辑方式，宁要保守或不能接纳或反对。例如：一位从事多年的编辑根据自己的工作经历，他相信"树秀于林、风必摧之"（思想定型），因此在日常的编辑工作中，自然而然地遵循了"中庸之道"。他最爱做的，就是在大量的资料面前，把自己认为正确的观点塞进自己的脑子里，然后用一种中立的方式来分析，如果有什么问题，他就会立刻处理掉，甚至是直接放弃。其实，在学术研究的时候，总会有一些不成熟、不科学的思想和观点，这在高校里是很常见的，特别是在高校这种崇尚学术的地方，但"中庸"的思想观念，让他的创意之光熄灭了。毋庸置疑，高校学报编辑若老是受这种思想的约束，便无法真正实现其创造性，实现其应有的价值。

3. 模仿定势

模仿是指个人在不受约束的环境中，被别人的言语和行动所激励，从而有意识或无意识地改变自己的看法和行动。模仿的人们往往会自觉地去模仿他人的行动以获得主动的目标；但是，也有一些模仿的人，在无意中发现了其他人的所作所为后，就会想要这么做。最基本的根源就是社会楷模的威力，因为一旦期刊编辑感受到了与其自觉准则相符的典范力，就会自觉或不自觉地产生效仿。特别是那些没有形成自己风格的期刊，对于他们来说，就是一块黑板。如果他看见一份自己一直崇拜的期刊提出了一种以粗黑线划分版式的新思路，不管是有意还是无意，都会在自己的期刊上刊登这样的"粗、黑"模式。从期刊的特性上来说，每个编辑都要经历一个"学以致用"的阶段，这就是"厚积薄发"，没有前面的经验和基础，就没有后续的发展。高校学报要在竞争日益激烈的学术期刊中凸显自己鲜明的特点和个性，就不能一味的模仿,而是要借鉴他人的成功,不断摸索出一条符合自身发展规律的新道路来。

4. 晕轮定势

在人际交流中,一般是指交往方对对方的整体印象由对方的观点来确定,也就是所谓的"以点概面",是把定式的主观推理归纳出来的。审稿是一项认识的过程,它要求编辑通过感知稿件,运用思维来评价稿件的品质,然后对稿件进行筛选和加工。期刊编辑从策划、确定栏目到组稿、选稿,其实质就是从自身的经历出发,利用创新思维进行纵向和横向的开拓,寻找新的现实联系和新的解答。显然,在这个进程中,智能行为占有主导地位。但是,人也是一种社会生物,与人之间的关系的和谐是人赖以生存的根本要求。通过"轮状运动",我们可以看到:人们会更加肯定自己所喜爱的和仰慕的对象,并相信他们拥有更好的素质。在审稿过程中,编辑的情感会对作者的作品产生不同的看法,而对作者的好感,就会让其作品质量更好;而对陌生作者的评价就会低一些。很明显,期刊编辑在这种情绪主导下进行思维的革新时,其主观情绪就会变成一个思维定式的模式架构,对于编辑的创新思维很不利,无疑将使编辑创新步履沉重、进程缓慢,当然就更谈不上引导学术研究发展方向了。

(三)努力克服思维定势对于编辑思维创新的消极影响

思维定势对学报的学术创新来说,是一种负面、消极的影响。但对任何一个个体来说,这种思维定势又是一种正常的心理活动的自然产物。所以,学报编辑在平时的工作中,要从主观和客观两个方面来解决这种思想观念的障碍,使编辑主体的思维不被思维定势固于某一维度,而向多元化发展。

1. 编辑有意识地增加思维视角,学会从多角度观察、分析、审视同一事物

(1) 站在历史的视角使思维向纵深延伸

思维定势的一个主要特点就是容易导致编辑思维的单向性,对问题缺乏纵深研究的辩证思维。编辑若能自觉地从历史角度出发,运用想象力,就可

以实现多层面的思考。一切都是从以前的事情演变而来，掌握过去就是理解现在的根本。虽然学报关心的是当前高校的学术研究状况，但是，目前的学术成果并不是凭空出现的。编辑回顾的目的在于立足当下，借用以往的文献来审视当前的学术状况，并在心中构建"明日视角"，以对未来的发展趋势做出预测，进而指导未来的发展；并以预言的方式，来使作者关注当下，引导作者产生更多的作品。"明日视角"的诞生，与传统的思考方式是密不可分的，它能让自己的思想，从过去，到现在，再到将来，让自己走上一条全新的道路。

（2）超越"自我"，从"非我"的角度横向拓展思维

思维定势的形成其实很大程度上缘于我们在观察和思考外界的人和事时总是习惯于以"自我"为中心，用"我的……"为"标准尺度"去衡量外物，评判"对错"，决定"有用或者没用"，等等。这种"自我"可以是微观层面的"个人自我"，也可以是中观层面的"团体自我"，还可以是宏观层面的"民族自我"，尽管层级范围不同，差异很大，但以"自我"为中心思维的取向却没有改变。这意味着，思维定势的存在与"自我"的存在密不可分。

从编辑的角度来看，因为"自我"的原因，在选稿和处理稿件时，往往会把自己的态度、价值、情感、喜好和审美取向等视为自己的思考模式纳入到稿件中，并不顾及到作者和读者的需求，这是一种思维的定式，不利于编辑思维的创新。假如编辑能够努力从一个更高的层次去审视自己，努力从"非我"中超脱"自我"，从"非我"的角度去看待和考虑问题，理解和宽容与自己不同的人、事、物，以敞开的心态去接受与自己格格不入的作品，与作者商议作品修正的问题，使作者感到道路就在脚底下。假如每位编辑都有海纳不同爱好和风格的胸襟，能随时反省、解剖自己，并从别人的强项中发现自己的不足，那么其结果一定比在"自我"的视角下思考更具现实意义。

2. 编辑应通过制度等的规范，从客观角度来约束思维定势的形成

（1）强化编辑程序

编辑室制订了严谨的管理制度，对编辑工作进行了规范化，并实行了三

审。对编辑初审、专家审稿、编辑加工、审稿、主编终审、发稿等一系列工作程序进行了全面的规范，并加大了实施的力度。特别是对权威稿件和人情稿件的编辑加工，无论文章是否通顺，段落前后是否呼应，论证是否充分，推理是否合理，无论权威或默默无闻，都要遵循这一原则。

(2) 提倡匿名审稿

编辑可以做一些事情，比如：在审稿子的时候，倡导不记名审稿，即在接收原稿后将作者的名字封好，然后进行审稿。编辑部门也可以将其纳入体制，将登记、编号和密封的姓名交给专门的人员。

总之，高校学报从策划、确定栏目到组稿、选稿等等，都是一项特殊而繁重的工作。由于思维定势的原因，使其不能适应新的东西，从而对编辑工作产生负面的作用，妨碍了编辑工作的正常开展，并在某种意义上制约了高校学报的发展和研究队伍的形成。所以，我们应该积极探讨各种行之有效的方法来克服和消除思维定式对编辑工作的负面作用。

第二节　高校学报编辑工作的创新

一、创新理论在学报编辑工作中的使命与特征

创新是一个民族进步的灵魂，是一个国家发展的不歇动力。作为传播知识的重要载体和反映知识创新水平的高校学报，面对科学技术的迅猛发展和日益加剧的市场竞争，唯有不断创新，才能更好地发挥其传播人类文明的作用，才能保持强大的生命力和独特的吸引力。

(一) 创新是时代赋予学报编辑工作的崇高历史使命

科技的飞速发展使得人们进入了一个新的社会。20世纪八十年代，随着我国经济体制的不断发展，我国的期刊行业迎来了蓬勃发展的黄金时代，各种期刊（包括纸质、电子化、网络化），特别是高校学报的崛起，再加上

上个世纪末的调整,许多高等学校学报由内刊转为公开发行,扩大了学报队伍,更加大了学报在市场上的竞争力。所以,在当代社会,高校学报是一种具有创造性的传播媒介,它要在激烈的市场竞争中占据一席之地,就需要进行全方位的改革和创新,从而完成时代赋予它的光荣使命和历史性任务。

(二)创新是学报编辑工作的本质特征

期刊的编辑工作是从创新出发,以创新为主导。《中共中央、国务院关于加强出版工作的决定》明确提出:"编辑工作是一切出版工作的核心,具有高度的政治性、思想性和专业性,同时也是一项辛勤而细致的创新工作。"从这一点可以看出,期刊的编辑工作是以创新为主的一种高度创造性的智力劳动,创新是整个期刊编辑和出版工作的核心。期刊的创造性表现在期刊的整个工作流程中,从品牌的创意、选题、筛选、修改、引导、赏析等方面都是其创造性的表现。在编辑对一份文稿进行处理之后,若能发现其缺陷或挖掘其新的含义,则是一种创作与革新。另外,期刊的主题策划要有系统性、前瞻性、时效性,栏目设置要突出期刊的创意性,这意味着期刊的工作要追求个性和散发性思维,才能在全中求新,在新中求精;只有这样,我们的编辑工作才能为广大的读者提供更好的心灵营养,从而达到编辑的终极目的。

二、高校学报编辑工作的创新

(1) 编辑理念的创新

在科学技术迅猛发展、经济一体化的今天,高校学报编辑要抓住当前国际科技发展的脉络,及时掌握新的思想和技术,积极寻求新的主题,采用新的技术和新的方式,这样,学报的出版就能获得更大的市场和吸引力。所以,高校学报要顺应新的技术发展趋势,顺应经济的发展,必须不断地进行创新。学报编辑工作的创新首先体现在编辑的观念创新上,观念创新是学报编辑工作创新的前提,学报编辑必须从以下几个方面进行理念的创新。

1. 强化"以新制胜"的理念:现代化科技和文化的最新发展,需要持续地加以吸收和学习缩小与先进科技文化之间的鸿沟,开拓开放的文化视野，使之能根据自身所处的外部和内部条件，及时地找到并把握机会，将各种编辑元素重新整合起来，作出创新性的决定。因此，在激烈的市场环境下，寻找到了最优的创新接合处，就能以新制胜。

2. 确立"文化建设"的理念：面对当今的社会变迁与文化变迁，学报编辑既要承担文化抉择、文化交流的使命，又要承担文化的创造与建设。因此，高校学报编辑必须确立现代化的文化建设理念。

3. 树立"知行合一"的办刊理念：创新并非是无中生有的，它是建立在某种知识的理论与实践之上的，它是知识的不断积累和学习的过程。学报编辑要具备扎实的专业知识和丰富的实际工作经历，必须把学识和实际工作结合起来，用理论指导实际工作，从而能够准确地判定稿件的学术水平和出版的价值。

4. 坚持"质量优先"的理念：高校学报也应该实行"优质"的方针，即要树立"人无我有，人有我好，人好我优"的理念。学报编辑要想走在知识创新的前沿，就必须在思想上进行创造性的变革，并且要有新的发现、新的观点、新的学说和新的方法。

（二）选题策划创新

选题策划是高校学报编辑工作的出发点，也是学报的创新之处，既体现了学报编辑应具有的素质，又是编辑工作的重要组成部分。要想使学报的学术品质得到提升，必须要有一个突出的特点和高品质的主题。而选题策划，既包括学报的整体发展方向，也包括学报的特色、定位等。只有在科学规划的引导下，学报编辑结合自身的特色，进行选题的设计与创意，这样才能达到预定的目标，并产生出其不意的社会和经济利益。因此，重视选题规划的创造性，是学报编辑工作能否取得好的效果的有效途径。要实现这一目标，必须：

第一，要有选题策划的创造性思维。要能应用新思维、新思想、新方法，适应新时期的需要，把读者的需要作为起点和落脚点，广泛收集、分析市场反馈的供需和相关刊物的动向，深入挖掘可利用的资源，提高科技含量和技术含量，以质取胜。同时，还应对具有创新性、前瞻性、系统性和时效性的课题进行科学化的经营，使其成为市场竞争的制高点。

第二，要以当前的研究热点为基础。尽可能地接近于目前的热门话题或尚未开发的空白区域，深入地探讨某个问题，具有一定的前沿性和实用性。这就需要编辑充分发挥自己的学术修养和专业素质，密切注意学术界的发展动向，密切注意政府和有关部委的方针、发展计划，并在大量搜集材料的同时，能够敏锐地发现科学研究的新观点、新方法和新问题，及时获取最新的科研动态，科研进展的关键环节，科研发展中急需解决的热点、难点问题以及最新的科研成果，通过分析处理，从中提炼出最新的科研选题。

第三，要与专家、学者、读者等进行经常性的交流。要谦虚地请教，要有一个好的选择。在编辑部的主动开拓下，可以使选题的范围和深度得到进一步的扩展，使其成为具有特色的栏目和风格。主题选择确定后，要认真拟定中期和短期的主题报导，再按照主题的要求和内容，有计划有步骤地安排相关专家、学者撰稿，甚至在需要的情况下，还要运用自己的专业技术和科学研究成果，为专家、学者撰稿提供一些建议；同时，要与重点项目负责人、专家、学者保持联系，并将其研究进展情况适时公布。一本学术期刊，如果能在每一期内发表数篇有学术价值、有分量的重大学术论文，那它的学术水准自然不用多说。因为这样，它才能维持一个固定的读者群、作者群，并有自己独特的特点，让它焕发出勃勃的生命力。在确保各栏目的选题计划中，应注重选取内容相近的主题，以使同一主题尽可能多地提供最多的资讯。例如，可以组织一些具有国际和国内有影响的专题讨论会等。

第四，要坚持以产学研结合的方式来服务于社会。高校学报应打破"闭关锁国"，与各大企业合作，将科技成果迅速推广，并将急需解决的问题及时向学校反映，使其与社会实际相融合，促进人类社会发展。一般说来，在选择题目上或独出心裁、或独创，选择恰当的时间、掌握先机，使得学报的内容在一定程度上处于一种动态的调节状态，既保留了学报的特点，同时也在追求创新，以让人经常阅读、经常更新的感觉。

（三）编辑手段创新

计算机技术的飞速发展，使编辑的工作方法发生了很大变化。目前，大家都在逐步地使用计算机来印刷手稿，并且利用互联网进行电子投递。由于互联网的便利和快捷，它已经逐步代替了以往的通讯方式。为此，学报编辑要学会采用网上的形式来组织稿件，并与读者进行沟通。学报编辑应从文字编辑走向屏幕编辑，即编辑接稿、组稿、审读、编辑加工、排版、校对和计算机集成都在屏幕上完成，使学报编辑从繁琐的事务性手工工作中解脱出来，更多地向创造性的脑力劳动转变。这不但可以极大地提升编辑的工作效率，而且可以达到事半功倍，降低错误率，极大地改善学报的质量。为此，必须对学报的技术方法和工作方法进行改革。

（四）编辑人才创新

期刊要想在市场中立足、发展，必须依靠编辑人员。编辑人员是高校学报最重要的资源。要培养一支政治素质高、掌握现代科学技术知识、具有知识创新能力、精通编辑专业业务、作风正派、乐于为他人服务的编辑人员，是学报能够长久发展的基础。因此，高校必须树立一种崭新的人才理念，把培养编辑人员的创造力置于第一要务。但就当前我国高校学报的现状来看，普通的编辑多而专才数量较小，特别是具有创新意识、创新能力和掌握一定创新方法的编辑更是凤毛麟角。而且学报缺少竞争和激励机制，这不仅不利于高素质的编辑专业人才成长，也将制约学报的发展。为此，高校学报必须改变这一现状。

1. 转变机制、吸引人才

要转变体制机制，整合社会、人力、物力、财力等方面的资源，加强编辑工作，努力营造一个有利于学报编辑长期稳定发展的良好的工作氛围，不断提升学报编辑人员的待遇，并把一流的编辑人才引入到各大院校的编辑工作中去。

2. 立足现实，培训现有人才

高校学报的编辑大多不是出版类专业的编辑，对国家相关的新闻出版法律、法规、政策等知识缺乏认识，缺乏对编辑的基本技巧和准则的掌握。高校学报是推动世界科学技术与文化的重要传播途径，而学术期刊的标准化又离不开相应的规范与规定。为此，必须采取有效的对策，加强对高校学报编辑的规范化学习与研究，加强期刊标准的规范化建设，为学报走出国门奠定良好的发展环境。为此，高校要加大对学报编辑的培训力度，一是采取单位指派的方式，安排编辑人员到具有编辑特色的院校进修相关的课程，取得学士学位；二是选择在职培训，可以选择半离岗或不离岗等方式。通过上述方式来提升学报编辑的专业技能。

同时，高校要给予学报编辑充分的资金和充足的时间，组织他们参与有关的学术交流会和座谈会，使其能够与同行进行更多的沟通，更好地掌握他们的研究方向与进步，为自己的知识和学术水平充电，扩大自己的视野。同时，还可以提高编辑的竞争意识和创新意识，掌握当前国际科技技术的脉搏，能够快速掌握最新的观点和最新的技术等。

3. 加强学习，使编辑变成"通才"

当前，我国高校学报所收到的大量稿件中，绝大多数都是由教学与科研单位撰写的，专业性、学术性较强，有的还涉及到交叉领域，因此需要具备相当的专业素养，不然别说评判稿件的科学价值，就连校对工作都很困难。因此，高校学报的编辑必须具备坚实的学科素养。在专业的研究中，编辑要具备丰富和渊博的学识，才能真正地在专业的学科中脱颖而出。我们不可能让一个编辑去深入地钻研各个学科，但对一个编辑来说，要处理好"博"和"专"的问题。在学识的范围上，编辑应该广泛阅读，掌握本领域的最新动态和发展趋势。在阅读论文时，学报编辑应能够以其敏锐的洞察力洞悉论文的新意，并能准确把握论文中的新内容。就其知识的广度来看，在自己的专业范围里，学报编辑应该充分利用自己的专业特长，作为本专业的领导者，集中一大批相关论文的作者，以此来提高学报的学术水平和学术价值。

4. 跳出校园，增加接触社会面

高校学报编辑绝不应封闭自己，应与市场、社会保持密切联系，开展调查研究，为栏目的筹划作好充足的准备，并在一定程度上进行理论的总结。同时，要发掘作者，培养作者，挖掘作者。在情感和写作上给予作者的支持，并自觉地培育作者。在与作者进行沟通时，要充分认识和掌握作者的思维和动向，为新课题的产生做好准备。

（五）编辑管理创新

在科学技术发展和制度变革的不断深化下，编辑工作要不断地进行创新。如果没有创新，那么编辑的工作就会墨守成规，无所作为，没有特点，没有品位。一本优秀的期刊，最耗时间的就是审稿。因此，严谨的审稿和审稿工作对高校学报的发展起着举足轻重的作用。

1. 注重对编辑的初步审查

编辑的初审是编辑选择稿件的首要环节，因为学报编辑室所接收的稿件涉及各个学科、专业的各个方面。编辑们要仔细地评价这些文章的质量，以及它出版的意义。如果一篇好论文被退了，再把一篇普通的论文送上去，对学报的学术水平会有很大的损害。所以，编辑对稿件的初审就显得很有必要。初审工作的成效与其对审查意见的处置有很大的影响。在高校学报的审稿工作中，如何搞好审稿工作，首先要看编辑的工作态度。对于学术水平不高、缺乏创新精神的论文，以及对不合格的关系稿、人情稿应进行坚决的抵制和谢绝。对论文的初审，是了解论文的基本观点、论证方法及使用的主要资料，以及与其他同类论文比较是否具有创新性及新观点。在初审阶段，编辑应仔细审查论文的言语通顺、结构、格式、引用材料详细、内容齐全等。在确定要不要提交给专业人士复查之前，编辑要根据上述的标准迅速作出对稿件的最初评价。

2. 遴选合适的专家进行二审

在对论文进行初步审查后，确定将其提交给哪个专业委员会，是由执行者做出的决定。对二审审稿人的适当选取是对其做出合理评估的先决条件，而在学术领域，一份在某些人眼中毫无价值的论文，在其他专业人士眼中，则具有极强的创意。所以，选择具有较强责任心和较强的专业评审人员非常必要。专家评审注重从政治性、科学性、学术性、规范性等方面阐述自己的观点，并对稿件的创新性、科学性、实用性等方面进行审核，最终的目标在于对稿件的创新性、科学性、实用性等方面进行审核，简单来说，就是评价论文的学术价值。对于具有出版价值的论文，应当给予较为全面、细致、恰当的评估。对于需要修订的论文，必须提交修正的建议，以便于对其进行修正和增补，并为最终的编辑工作提供参考。

3. 严格执行总编终审

总编对论文进行最终审核，其内容包括：对论文中重大的政治性、学术性、规范性问题进行综合审查，并对其编辑的素质和职责意识进行审查。编辑工作的最终目标是确保编辑质量的提高。

第三节　高校学报编辑文化的价值与创新

在我国，高校学报的编辑文化方面是一个新的、被忽略的领域。事实上，对编辑文化进行深入的探讨，不仅有着十分重要的价值，而且有着广泛的发展潜力。

一、高校学报编辑文化的特征

编辑文化是编辑工作中的社会文明的扩展，是编辑领域内的社会文明的反射和折射。编辑的文化包含了三个层次：一是从总体上看，编辑文化包含了编辑环境、技术设备、文化设施等内容；二是包含了制度文化层面，即编辑制度、组织机构等；三是包含了精神文化层面，是指在精神文化层次上进行的。编辑的文化是经过一代代编辑的不断创新与累积而逐渐发展起来的编辑价值观、精神、行为方式、行为准则等等。编辑文化是一种以"编辑"为核心的思想，使"编辑文化"成为编辑活动的重要组成部分。

高校学报的编辑文化既具有普通期刊编辑文化的特征，同时又具有自身独特的特色：第一，高校学报的编辑文化是随着高校学报的发展而形成的一个精神产品。第二，高校学报的编辑文化与普通期刊相比，在市场上存在着差异性。普通期刊更加紧密地与市场相关联，受到了更多的冲击；而高校学报因为有了高校作为"保护伞"，比如提供资金支持等，所以相对来说，学报远离了集市，更有利于从事学术研究。第三，作为高校的一种重要的学术资源，学报的编辑文化受到了高校广泛的影响。第四，与学校教师关系紧密的院校编辑在与教师水平待遇等对比后，很容易产生为他人服务的教学辅助角色的矛盾和迷茫。因此，要对高校学报的编辑文化进行评价，就必须对其独特的特点进行剖析，并探寻其独特的创意之道。

二、高校学报编辑文化的价值探析

高校学报的编辑文化在一般意义上既有其独特的文化，又有其独特的价值。

（一）导向性

在一定程度上，在一个时代的社会和文化发展过程中，编辑的引导作用不容忽视。编辑的文化既是编辑的总体价值观，也是编辑群体的共同兴趣所在。由于编辑所代表的是社会主流思想的决定，很容易产生某种社会舆论和文化氛围，客观上会一定程度影响到社会文化的探索、发展方向。在此需要指出的是，过去的研究中，往往只注重个别的编辑个人对于某一种编辑的工作的价值，不仅忽视了编辑的整个社会文化的影响或说劳动价值，而且还忽视了编辑这个社会群体内在的社会价值，也就是说，忽略了从宏观上去看待编辑整体与文化生产之间的关系。事实上，对于编辑团体在整个社会和文化中所具有的作用，更是一个需要关注和探讨的问题。

高校学报的编辑文化不仅在以上方面发挥着重要的作用，而且在学科建设、科研方向、治学的学术氛围等方面也发挥着重要的作用。在高校，学报的编辑文化和校风是相互联系的，学校的校风对学报的编辑文化产生了影响，学报的编辑文化既会对编辑工作的观念和行为产生作用，也会影响到他所设栏目的特色与方向，影响到他组约稿件选择的态度与方向。从某个角度上说，也就影响到编辑参与学校文化建设的方向与力度。因此，对于高校学报的编辑文化建设，无论是对社会的影响，还是对自身学术水平的提升，都起着重要的作用。

（二）凝聚性

正如前面提到的，编辑文化是一种以价值观念为中心的集体认同，因此在编辑群体中就会自然而然地产生一种强烈的团结。高校学报编辑室与教师有着紧密联系，有些编辑是从各个学院毕业的，也有些是在学院里做副业，有些是在编辑室做副业，有些则是协助编辑室建立专栏；有些教师在学报上发表了首篇学术论文，并得到了学报编辑对其学术发展的支持和关怀；学报的建立和健全也经常得到教师的意见，很多教师也都对学报的编辑文化有所了解，而学报的编辑文化也会对老师们的学术论文产生一定的影响。可以说，高校学报的编辑文化对本校相关学科的教师也具有吸引凝聚作用。

（三）创新性

大家普遍地以为，编辑不过是替别人做了好事，就是把稿件写成了"自己"的作品。在漫长的文化发展历程中，编辑不仅仅在编撰过程中完成了自己的使命。戴文葆表示："中国的惊人连贯性是最好的证据，说明了编辑工作的重要性。——各代朝廷都在组织编撰群体书籍，从而使其具有一定的历史延续性。"这充分说明了编辑在传承中所扮演的角色。

事实上，编辑出了传承文化之外，更主要的作用体现在创新上，即编辑工作的创造性的过程。一是编辑在客观上作为文化的组织者，会自觉有目标有计划地设栏征文，去关照社会热点社会实际，在这不断的从无到有推陈出新的过程中体现了编辑的创造力；二是编辑可以将众多散乱无序的个体创作组合为一个崭新的、具有新含义的系列。通常情况下，作者是将一些原始的、散乱的的材料组织成一件文化作品，而编辑则是要有意识地把许多单独的作品按照不同的目的组合在一起，形成一个新的整体；三是在编辑的进程中，既是对文化的持续的优化，也是对文化的持续的抉择。编辑必须挑选具有发展趋势和时代精神的新的作品，才能成为一种新的社会取向，这也是编辑创作的能动性和创造力。

而高校学报编辑作为一支具有活力的学术创新队伍，其学术创新活动也就成为了一个积极的领域。为此，必须加强对学报编辑的创造性的培育和激发，使其成为具有生命力和创造性的编辑文化。

三、高校编辑文化的现状与创新路径

（一）预防价值观世俗化，守望学术道德底线

在当代社会转轨时期，编辑面对着复杂的文化生态，面对着多元的文化价值观抉择，是对学问的崇高追求，还是对经济的追逐，就成为编辑无法回避的问题。坚持学术伦理，或者顺应实际的评估准则；比如维护自己的学术清白，或者为了维护自己的社会地位，发表一些有学术价值的论文是每一位编辑的基本职责。在当前的时代背景下，若一味地追求学术品质，恐怕会造成诸多掣肘，使期刊的发展难以自拔。而编辑的文化始终在高尚与世俗间游走，编辑的价值也因此而起伏不定，时而迷茫，时而扭曲，甚至有些世俗化。这不仅违背了"文明信使"的神圣任务，而且也会对编辑工作的正确引导产生不利的作用。

为此，作为高校学报编辑，一是要强化自身的学习和自我修养，恪守专业伦理和专业道德，成为一名合格的资深编辑。二是从制度上加强对编辑的规范和约束，通过制度规范编辑的行为，指导编辑的稿件选择。比如，通过外审稿件可以保障论文的质量。毕竟，外审是不受编辑和编辑室影响的，所以外审是为了维护自己的声誉，更好地体现崇高的学术价值和学术精神，一个成熟的、可持续发展的编辑的文化建设，应当将外在的社会规范融入到整个编辑的文化体系中，从而实现内部与外在的协调与发展。

（二）明确编辑身份归属，清晰编辑文化

当前，高校学报编辑的地位归于两种类型：一是以教学辅助岗位的形式进行；二是以教学科研人员的身份，其编辑的工作可以转化成教学科研的工作。这两种方法，都是有缺陷的。教辅岗位的存在，忽略了编辑的独立性，削弱了其在校内的角色，而编辑却有意或无意地通过教辅岗位来减少自身的需求。于是，学报逐渐被排挤到了第二位，对学校和学术研究的兴趣也随之下降。而作为教学科研人员，编辑们要么是积极地，要么是消极地去追求学术的结果，这会导致对编辑工作质量和数量的要求产生一定的负面作用。事实上，在质量和数量上，都是要自己努力研究的。编辑需要在专栏里挑选优秀的稿件，需要邀请知名专家学者，需要从众多的稿件中挑选优秀的稿件，这需要花费很长的时间和精力。除了要有好的稿子，还要考虑到编辑学的理论和实际，这一切都说明了高校学报的编辑是一个可以被称为"独立"的专业期刊。因此，在高校，编辑的地位应该是一个单独的，它不应该是教辅站，也不应该按照教学科研岗位来设置，而是应该把它当作一个单独的序列来进行评价，这样不仅可以衡量编辑工作的数量和质量，而且可以体现出编辑的独立性；它不仅能充分发挥编辑的心理情感，调动编辑工作的主动性，而且还能促进编辑的独立性和个性化。

（三）找准学报定位，发挥校内校外双功能

当前高校学报的定位有两种：一是把高校学报当作一个展示学校教学和研究的舞台，以高校教师的论文为主，学报渐渐地成了专业理论、高校管理、外语教学等无所不包的大杂烩；二是全公开或放任，不顾及本校学报的学术水准，好像每家都要办一份国家级的名牌期刊。这种做法不但失去了它的特点，而且由于它的信息量太分散，使得读者群体萎缩，造成了经济和社会的双重损失。

实际上，高校学报具有自身的特点，必须对其进行正确的定位。高校学报在学校中发挥着积极的学术氛围、交换学术理念、培养优秀的学术人员的

功能；从社会角度看，学报体现了学院的学术特色和学术水准，体现了学院的特色，即高校学报本质上是学术的扩展。与其它期刊相比，高校学报的编辑文化更具有学术底蕴和涵养。因此，在学报编辑中，必须不断地进行理论研究，不断地灌输自己的学术思想，使自己的学术期刊成为一个专业机构，而非作为一个行政机构。高校应对学报进行政策的倾斜，比如加强学报编辑室机构设置，搞好学报编辑的职称评审，保持学报编辑的队伍稳定等。只有如此，高校学报的编辑义化才能在大学中具有浓郁的学术气氛。

（四）培育学术思想，坚持学风的独立性

高校学报不仅是一个宣传和交流的窗口，更是一个学术交流的舞台。当前，学报虽然以学术为主，但讨论多，建树不多。这种编辑文化对学术创新的发展是有害的。

而对其进行的文化批评则是其核心问题。文化批评并非单纯的否认，它在对其进行合理的检讨和扬弃。只有具有文化批评的思想，学术上的创造性的发展是可以实现的。这需要对编辑进行批判性的思考，并对其进行独立的思考和处理。在此基础上，要加强编辑的创造性思考。编辑工作的人文作用，既有知识的意义，也有发展的意义，既要有选择的，又要有传播的，要有文化的生成。因此，编辑既要有批判、否定的能力，又要有创造的能力。所以，编辑必须自觉地培育自身的文化自觉，坚持学风的独立性，并在此基础上形成一种自觉的、积极的编辑文化。

第四节　高校学报高素质编辑人才队伍建设的创新

高校学报肩负国家科技成果展示与交流的重要任务，必须坚持以创新为导向，把创建专业化、国际化、高质量的学术期刊作为自己的头等大事。高素质的期刊是高校学报发展的重要力量，是期刊发展的第一生产力，承担着新时期我国高等学校期刊高质量发展的历史使命。目前，世界顶尖的科技刊

物越来越重视专业人员的精益化和专业化，特别是对专业的科研人员和咨询人员的专业素质有很大的影响。面对新理论新技术新媒体的迅猛发展，新形势下，学报编辑人才的合理配置，学报编辑人才队伍的学术修养和专业能力，是目前亟待解决的突出问题。通过对目前国内学报编辑人才培养的状况和存在的问题进行剖析，并结合国内外知名学报对编辑的全面素质和自身的成功实践，探讨适应新时代高校学报编辑人才队伍建设的新途径，是提高我国高等学校学报学术质量和国际影响力的必然选择。

一、高校学报高素质编辑人才队伍建设的重要性

（一）创建一流科技期刊的要求

2015年10月，《国务院办公厅印发实施全面推进一流高校和一流学科发展的意见》中，明确指出，要加强师资队伍、培养拔尖创新人才、提升科学研究水平、传承创新优秀文化、着力推进成果转化5方面的建设。这既是建立世界一流学府的必然要求，也必将促进学报的发展。2021年5月，中共中央宣传部、教育部、科技部联合印发了《关于推动学术期刊繁荣发展的意见》。《意见》明确："学术期刊是开展学术研究交流的重要平台，是传播思想文化的重要阵地，是促进理论创新和科技进步的重要力量。加强学术期刊建设，对于提升国家科技竞争力和文化软实力，构筑中国精神、中国价值、中国力量具有重要作用。"而建设世界一流学术期刊，必须要有一支高素质的专业技术人才。为此，高校学报编辑要抓住机遇，不断提高自己的政治素养、理论知识、学术水平和专业技能，为建设世界一流学术期刊提供源源不断的力量。一支高质量的学报编辑队伍，不仅可以为国内一流学科和一流学报提供更好的服务，而且还可以促进我国高校学报的发展，提高我国的科技竞争力和影响力，促进我国从一个科技大国向科技强国的转变。

（二）推进高校学报不断向前发展的基石

高校学报是体现高校教学与研究的重要平台，也是国际间的学术交流与

合作的窗口。随着数字化、网络化的迅猛发展，高校学报的报道模式也随之产生了巨大的变化，给学报的生存与发展带来了新的考验。新时期，学报要继续高质量地发展，就需要一支政治坚定、业务精湛、学术水平高、沟通能力强、懂计算机技术、熟悉新媒体运作、敢于创新、善于创新的高素质编辑人员。在日益激烈的市场环境下，优秀的编辑人员是学报的重要组成部分，它关系到学报的发展和未来，也是促进学报持续发展的基石。编辑工作是学报工作的核心，提高编辑的整体素质与专业水平，决定着学报是否能够在学术水平方面获得更大的发展，是否能够引领科学技术创新前沿，是高校学报实现创新发展长久不变的主题。

（三）保障高校学报出版质量的关键

学报的品质是学报的生命，而优秀的编辑人员是确保学报质量的重要保障。高品质的论文，既要有较高学术价值，又要有较高创新力，这就要求高校学报的编辑要有更高的水平。第一，编辑必须具备敏锐的观察力和学识，熟知目前的研究热点和前沿，具备一定的专业素养和创造力，以扎实的学识和丰富的学养，选出最有科学意义的论文；第二，编辑应严格遵循"三审三校"的原则，熟悉论文的编写规范和标准，认真对待论文的文字、段落、图表、排版等，以保证论文的编校工作的高品质。高校学报是我国科学技术发展的核心力量，是我国期刊出版事业发展的核心内容，要保持高校学报高质量的水准，就必须不断加强高素质编辑人才队伍的建设。

二、高校学报编辑队伍建设的现状与不足

（一）编辑人员专业匹配度不高，队伍不稳定

目前，我国高校学报的编辑团队既有从大学中选拔出来的，也有从学校内部或者行政工作中调换出来的，但在编辑学、出版学专业中，从编辑学、出版学专业毕业的人数占比较少，而在专业技术人才中，能够通过专业技术职称的编辑也不多。这就造成了我国高校学报编辑职业相似性低、工作能力

不强等问题。年轻编辑的工作积极性相对较高,但在对国内出版行业的规范和标准的把握和使用上,缺乏编辑出版的专业知识,缺乏对稿件的审鉴、加工校对的丰富的工作经历;而老的编辑,往往年纪大了,工作经历也就多了,但是受限于自己专业和研究领域,在某些新的栏目和新的主题上,往往会显得有些吃力。另一方面,随着编辑的年龄偏大,其日常更替和工作变动也会对学报的核心凝聚力和稳定性产生一定的不利作用。

(二)编辑人员地位边缘化,竞争力不足

当前,由于高校学报属于"教辅类"的范畴,在职称评定、培训进修、人才选拔等领域,由于受到的关注较少,处在边缘化的位置,造成编辑工作对个人和部门的发展缺乏自信,工作积极性不高。作为民族精神和思想道德的传播媒介,高校学报以其独特的政治、文化导向作用,从不同角度阐释了其学术思想,从而体现和指导了我国的社会问题。编辑工作以信息采集、组织策划、审阅、编辑处理为核心内容,是以原始文本为基本内容的创作活动。作为对作品的挖掘和再造者,高校学报编辑在引导社会舆论、传播科技文化知识方面发挥着不可或缺的作用。但是,由于处于边缘的位置与身份,导致编辑工作的积极性不高、责任心不强,这对高校学报的总体发展是十分不利的。

(三)编辑人员学术素养有待提高,复合型人才缺乏

要做好编审工作,除了要具备一定的编辑标准和处理能力外,还要严格控制好论文的质量,这就需要提高编辑的整体素质。外国顶尖刊物的编辑本身的专业水准普遍比较高,大多拥有硕士以上学历,在各自的专业中都有重要的学术成果,或是在某一专业的科研单位从事科研工作。而国内许多期刊对编辑的专业素质和综合素质的要求较低,对综合类的编辑人员也没有足够的关注。编辑本身不具备一定的学术素养,无法认真地对论文进行筛选和编审。在建设世界顶级学报的大环境中,编辑必须具备一定的专业知识水平,对特定的专业或领域的研究现状要有充分的认识和掌握,才能正确地判定论

文的原创性和学术价值，才能与高级专业人士进行交流，组织优秀的论文，建立自己的特色。但是，由于大多数高校学报的编辑对本学科的最新发展与研究队伍疏离，学术水准有限，论文的科学创新性和学术品质大多依赖审稿专家；而一些专家由于受时间、专业、重视程度等影响，对稿件的学术质量把控不是特别准确，导致内容相似、创新性不强的论文比较多，而真正优质论文却流向国外期刊。

三、我国高校学报高素质人才队伍建设的路径

（一）转变观念，提高认识

1. 重视学报编辑工作

高校学报是体现学校办学水平和对外交流的主要载体，高校必须转变观念，制订相关的措施，将编辑工作放在和教学科研同等地位，把为学报工作作出重要贡献的编辑人员纳入学校的重点培养计划，为他们提供国际和国内的学术交流机会，不断提高他们的国际视野和学术能力。同时注重对编辑的情感需要，关注其专业需要和精神发展，以使其能专心从事学报工作。在引入新的人才时，应充分吸收外国顶尖学府刊物对其专业与学术的需求，自觉地把具有高学历和热爱编辑工作的优秀人才纳入其中。在我国高校学报走向国际化的今天，我们必须加强对年轻的博士生编辑的培养，加强对他们的语言和交际技能的培养，使其能够在一定程度上达到最佳的效果。

2. 提高编辑职业认可度

在大学里，与教学部门、科研部门相比，由于高校学报属于教辅部门，因此，编辑部门很可能会被"边缘化"，学校对编辑工作也会越来越不重视。要完全摆脱"边缘化"状态，必须从自身入手，正确地认识到编辑出版工作的意义，并清楚自己所承担的责任。编辑与出版工作的特色是传播科学知识，引导舆论，服务社会。高校学报是高校学术交流、传播文化、培养人才的主要途径和平台。而作为整个出版界的骨干，编辑工作担负着人类文明与社会发展的重任，只有一支专业过硬、不断创新的编辑人才队伍才能保证期

刊出版工作在新技术、新媒体高速发展背景下的核心竞争力。所以，编辑必须意识到自己的地位和责任，从"边缘"的错误观念中摆脱出来，摆脱"惯性思维"，培养"终生"的学习习惯，并持续地提升自己的"光荣"。特别要借鉴外国顶尖学报的学风，积极参与到学术研讨中来，参与与本领域有关的学术会议，决不放弃自己在学报学术质量把控方面应该发挥的主动权，必须明确个人和团队定位并根据自身的专业优势，及时补足短板，全面提升专业学术能力。

（二）完善编辑管理制度

1. 积极推行职业资格管理制度

2008年起，我国正式实施了《出版业专业技术人员执业资格登记》和《责任编辑注册条例》，明确了编辑的基本业务能力，为编辑工作奠定了坚实的基础知识和实务能力，并从制度上保障了编辑队伍的职业素质和综合能力的不断提高。要强化高校学报编辑的专业素质，就需要各有关单位克服重重障碍，坚定不移地贯彻这一方针，确保编辑工作朝着专业化方向发展。

2. 优化编辑队伍结构配置

这对于培养高质量的编辑人员具有十分关键的作用。在编辑人员的培养中，要注重合理地设置编辑的层次，做到年龄、数量、专业、学历、工作经历、职称等各层次的合理分配，以保证编辑队伍的活力和稳定性。但是，当前许多高校学报的编辑普遍存在着年龄偏大、人数偏少、职业匹配程度偏低的现象，其中硕士以上的人才比例偏低。为此，要适应国家建设一流学刊的新形势，必须加强对优秀学报的主动引荐，争取青年学者对学报工作的关注，同时聘请学校优势学科的专业领导担任某一栏目的主编或者副主编，不断优化编辑人才队伍结构，做到优势互补、人尽其才，从而不断增强编辑人才队伍的凝聚力与竞争力，提高工作效率和质量。

3. 加强编辑人员岗位培训

在信息化快速发展的今天，编辑人才的持续教育训练显得格外的必要。《出版专业技术人员继续教育规定》（国新发［2020］18号）明确：从2021

年1月1日起，出版专业技术人员从事继续教育的时间每年累计不少于90学时。本次修改将持续教育学时由72个小时增至90个小时，这充分说明了继续教育训练在提高编辑专业技能和提高整体质量方面的作用。高校学报编辑应通过开展工作培训，积极参与各类编辑技能的培训和学术研讨会，并经常与同行进行工作中的相互交流，拓宽自己的眼界，互相借鉴。在不断地学习新知识、新技术和新的标准中，逐步提高自己的专业技能，进而增强编辑人员的综合素质，推动编辑队伍的发展。

（三）创新编辑考核评价机制

1. 优化工作量考核制度，对工作负荷评估系统进行改进

高校学报的工作是一项特殊的工作，要充分发挥其自身的特色，既要充分尊重其工作成绩，又要建立一套科学、合理的定量评价体系。首先，编辑工作繁琐，在审核、加工、校对、印刷、出版等过程中，需要进行大量的细致的工作，制订科学的定量评价指标，有助于提高编辑的工作热情和责任感。其次，确保编辑工作的质量是高校学报工作的重中之重，要根据"差错率"确定定量评价指标，在需要时可以通过专业人员审核论文，并根据专业人士的建议进行修订和完善。第三，还应积极参加学术会议、科研课题、业务培训、编校竞赛等各种活动，对各类型期刊的编校进行量化，对成绩突出的编辑给予物质和精神上的激励，以激励他们的工作竞争意识，营造一种相互追逐、勤奋、进取的良好的职业环境，为培养高质量的编辑队伍提供体制保障。

2. 明确岗位职责，做到奖励与惩罚相统一

理顺自己的工作责任，为编辑人员培养创造良好的条件，是编辑人员长期发展的重要保证。编辑工作涉及到稿件的审阅、编辑加工、校对、出版等诸多方面，编辑部门要明确各人的工作职责，分工协作，才能高质量地完成工作。对论文的审核是编辑工作的核心内容，它的责任应该是由有较高的学识和丰富经验的资深主编来完成，论文的技术处理和校对工作可以交给经验丰富的编辑来协调处理，而论文的印刷工作则是由专业的出版编辑来进行。

对工作勤勉尽责的相关编辑要给予表扬和奖惩；对工作不用心、责任心不强的要给予批评和惩罚，不断地提升编辑人员岗位责任意识，不断地增强编辑人才队伍的整体竞争力，促进编辑工作高质量、可持续性发展。

  高校学报的出版品质直接关系到学报的生存和发展，而优秀的学报编辑人员是学报的重要组成部分，是实现高校学报高品质出版的重要要素。高校学报要实现"国际一流"的目标，高校就必须坚持正确的政治导向和价值取向，全面肯定学报在培养拔尖创新人才、提升科学研究水平、传承创新优秀文化发展过程中的重要地位和作用，强化科技创新的战略途径，推进学报向专业化、国际化发展。

第五章　高校学报编辑的诚信素质培养

　　诚实是人的根本，是社会主义市场经济发展的道义依据。高校学报是一种具有灵性的商品，它是编辑、作者、评审人员三方协作的产物，其信誉关系到编辑工作的每一个环节，编辑在编辑工作中扮演着非常关键的角色。高校学报的办刊宗旨、方针、内容、规章制度等，应让广大读者和作者体会到、感受到，从而增强他们对学报的信任度，并最终让读者受益。为此，诚信和操守就成为高校学报编辑的根本。

第一节　高校学报编辑应具备的素质

伴随着知识经济时代的来临，报纸、杂志、广播、电视、电影、互联网等媒体越来越广泛地影响和改变了整个人类的生活。因而，不管是传统的纸质版，或是新型的计算机网络版，都处于一个空前的、具有历史意义的发展阶段。在这一历史条件下，编辑工作的重要程度似乎超过了以往。一个编辑的人格特质，直接影响到媒体的传播质量，乃至传播的方向。

在市场经济环境下，高校学报是否能够在激烈的市场环境中生存与发展，与其自身的质量有着千丝万缕的关系。由于学报编辑不仅承担组、编、审、改、校稿等工作，同时还承担出版发行和管理工作。为了适应社会主义市场经济的需要，学报编辑要有强烈的责任感和使命感，要有扎实的专业基础知识，要有严肃认真、一丝不苟、精编细校的工作作风，要有适应市场经济要求的新思想，要有较强的联系读者与作者的社会活动能力，要有参与市场竞争、善于经营、懂管理的能力，等等。如何做好高校学报的编辑，让学报发表的论文更具学术价值，这是每位编辑都要思考的问题。

一、学报编辑的职业道德

编辑是一种高度的脑力劳动，它是一种再创造的工作。期刊编辑的职业操守是编辑工作中应遵守的基本行为准则和原则。它对编辑人员的道德品质、思想和作风作出了明确的界定，对编辑工作中的种种错综复杂的关系进行评价和约束，包括美与丑、光荣与耻辱、公正与不公。编辑工作者要在编辑中切实贯彻社会主义的精神，并在其自身中形成一种高尚的职业道德，这对于我们坚持正确的办刊方针、确保期刊的出版品质、推动期刊的发展、提高编辑队伍的素质起着非常关键的作用。

我们的社会主义精神文明的目标是不断地提升人民的道德素质，不断地提高人民的科技文化素质，让更多的人民成为有理想、有道德、有文化、有纪律的人。期刊编辑既是科技文化工作者，又是思想文化工作者。所以，不仅要在思想上、纪律上、文化上要以身作则，在精神上也要以身作则；既要树立良好的社会公德，又要树立良好的职业操守。从更特定的角度看，高校学报是体现高校教育与研究的综合学术期刊，是促进科技进步的综合学术期刊。学报编辑工作是一项具有思想性、科学性、学术性的工作，是宣传科技、普及人文、为人民供给精神营养的工作，是推进两个文明、提升国民素质的工作。这就需要学报编辑不但要具备一定的科技、文化素养，而且在政治思想素质和道德情操方面都应具有较高的水准。

高校学报编辑的职业道德具有两个鲜明的特征：一是为人民服务的坚定的政治品德，二是无私奉献的高尚的思想品德。其主要内容有两个方面：

（一）政治理论素质

政治理论素养是指编辑工作与自身的具体情况，在学报中贯彻和应用马克思主义的科学思想，把握其基本立场、观点和方法，并始终保持党性的基本思想，以确保学报的政治性和科学性高度融合的程度和能力。作为一名学报的编辑，其政治和理论素养是其最根本的品质。具体为：

1. 掌握马克思主义基本原理

马克思主义是世界上所有无产阶级最好的、最革命性的科学的集合体。从历史唯物主义、政治经济学和科学社会主义三个方面阐述了自然、社会和思维发展的基本原理。因此，马克思主义不仅是对世界的认识，更是对科学整体的基本导向。高校学报编辑必须对马克思的经典作品进行深入的研究，并对其理论基础进行全面的研究，以促进我国高校学报在政治和科学方面的发展。

2. 掌握中国革命理论及党和国家现行的方针、政策和法律

一部马克思主义发展史就是马克思、恩格斯以及他们的后继者们不断根据时代、实践、认识发展而发展的历史，是不断吸收人类历史上一切优秀思想文化成果丰富自己的历史。马克思主义在中国的发展，形成了新的马克思主义中国化的理论体系，即毛泽东思想理论和中国特色社会主义理论体系。

⑴毛泽东思想。主要创立者是毛泽东。是以毛泽东为主要代表的中国共产党人根据马克思主义基本原理对中国革命和建设实践中一系列独创性经验所作出的理论概括和总结，是被实践证明了的关于中国革命和建设的正确理论原则和科学思想体系，是中国共产党集体智慧的结果，是马克思主义中国化的发展成果。

⑵中国特色社会主义理论体系。中国特色社会主义理论体系是中国共产党人在社会主义改革和建设前进过程中不断实践总结而形成的，是包含几代领导人为核心的集体智慧的结晶。中国特色社会主义理论主要有邓小平理论、"三个代表"重要思想、科学发展观、习近平新时代中国特色社会主义思想。

为此，作为高校学报编辑，应加强对党的理论、方针、政策等的研究，尤其要关注党和国家有关教学科研的理论、方针和政策，使学报成为中国的一种重要的学术期刊。

3. 始终坚守党的办刊宗旨

培养和提升学报编辑的能力需要长时间的学习与锻炼，而提高学报编辑的思想政治素养更是如此。在具体的编审工作中，要在习近平新时代中国特色社会主义思想的指导下，不断提高对稿件的鉴别和处理能力，并始终保持科学研究的方向。我国高校学报在强调学术自由、百家争鸣的时代背景下，必须始终坚守党的办刊宗旨，保证学术期刊政治导向的正确性。

（二）道德品质修养

道德品质是指个体在其道德行为中所表现出来的较为稳定的特征，它由道德认识、道德情感、道德意志、道德信念、道德行动等要素组成，通过一定的社会实践、宣传和教育，以及个人自觉的锻炼和修养逐渐形成。在我国社会主义时期，体现无产阶级根本要求的是共产主义的道德品质。因此，高校学报编辑要以共产主义的道德准则作为职业道德的最高规范，并以此约束个人行为。

1. 学报编辑要树立高度负责的责任感

职业责任感是指人们对所从事的工作所产生的一种责任意识和责任心，它是职业品质道德的核心。高校学报编辑要有高度的敬业精神，就要从高度的政治和思想修养入手。如果一个编辑不喜欢自己的工作，没有进取心，没有责任心，那是很困难的。高校学报编辑要正确理解高校学报性质、地位和重要性，正确对待自身职责和任务，立足岗位，热爱自己的工作，做到爱岗敬业。为此，学报编辑必须意识到，学报作为一种重要的资讯媒介，同时也是大学教育与研究的一个窗口，而且可以记录在历史上，以促进科技进步。编辑工作是一项先进的创造活动。学报编辑要靠自己的努力，对作者的研究结果进行审阅、修改或提出不同的观点，甄别研究结果，以达到学术水平、科学性、实用性强、与相关标准和规范相适应，让具有高学术价值的学术成果能够在更大范围内进行传播，并能充分体现其价值。这种高度的再生产工作，没有一种高度的事业心、责任感和敬业的工作态度，是不可能做到这一点的。

2. 学报编辑要树立严谨细致、一丝不苟的工作态度

编辑工作具有政治性、科学性和技术性，是一项艰苦而细致的脑力工作。学报的学术水平高，其影响力持续的时间更长。这就必然需要在工作中，大至学术水平、思维逻辑、文章结构；小到图表，标点符号，语法修辞，都要仔细琢磨。必须一丝不苟，精益求精，容不得丝毫马虎。在实际工作中，经常要花费大量的时间和精力来核对一个字或一个图标符号。因此，我们要注重工作的优良品质，坚持实事求是，科学严谨，认真负责，一丝不苟。

3. 学报编辑要有任劳任怨、甘当人梯、为他人作嫁衣的奉献精神

不用说，编辑工作是一项艰苦、少有人知道的工作。其独特之处，是将自己的职业与别人的成就相结合，将自己的才华、心血、汗水和毕生的心血，凝聚并渗入他人的作品之中，将自己的成就埋没在他人的作品之中，长久地付出，从不求回报。尽管编辑要与各界的人打交道，要与作者、审稿者、读者和印刷者等多个方面打交道，编辑要善于协调，要正确地处理好各种矛盾，要掌握好自己的职责，要秉公办事，廉洁正派，公正无私，坚决反对一切不正之风。避免利用编辑的职务之便利，谋取私利，将其生活置于危险之中。在工作关系调整中，编辑应不计利害，甘做一位默默无闻的英雄，把自己的才华奉献给学报事业，奉献给全社会。既要以"一心为民"为己任，又要以"为人作嫁"的奉献为己任，以崇高的道德品质和敢于为学报事业奉献自己的生命。

4. 学报编辑要忠实于本职，坚持择优录用稿件的原则

通常情况下，编辑和撰稿人都是一个专业的，他们对某个问题有相同的看法，甚至有很大的私心。所以，这就需要他们能够站在学报的立场上，摒弃自己的情感，不受自己的意见影响，对论文进行公正的评判。因为近年来的社会风尚不太好，在实际工作中，人情稿、关系稿并非罕见，甚至有编辑在他人的稿件上挂名的现象。这种不良风气的出现，给编辑带来了巨大的心理负担，使他们坚持质量第一、一视同仁的价值取向变得困难。为了纠正这一不良现象，编辑应遵守评审人员的建议，并对稿件的处置提出的建议保守秘密；对所发出的稿件中的差错进行纠正；不得盗用尚未出版的作品等。在尊重老作者的同时，也要以"伯乐"的眼光去发掘和培养那些默默无闻的作者。中国近代史上杰出的编辑邹韬奋曾说："我对稿件一向持严谨的态度，即使是我钦佩的朋友，也是一样，以质而不以名为准。"他补充道："无论老前辈还是青年作家，无论名流还是默默无闻的人物，我都会很乐意接受，而那些不适合的，则会毫不犹豫地抛弃。"

5. 学报编辑要坚持不懈地加强自身素质能力的提升

就像一位名人说的，编辑就像隐藏在混凝土结构里的钢柱，它在拼命地工作，它不会露出真面目，它是一个人的阶梯，一个默默无闻的英雄。这是一个编辑的专业特性，也是一个被认为是优秀的职业操守的人。历代以来，对编辑们的无私和一丝不苟的敬业态度，都是历史上流传下来的。可以列举许多有名的人物，如孔夫子，鲁迅，郭沫若，巴金，叶圣陶，老舍，都曾在编辑界工作。他们兢兢业业，从不计较繁重的工作，已经成为了后人的榜样，足以载入史册。高校学报是学术期刊，注重学术价值和社会效益，不求也不能求其经济利益。然而,在当今的社会背景下,要树立起一座"职业操守"的精神堤坝,光有各个编辑室的条条框框和意识形态工作,是远远不够的。更紧迫的是要把职业伦理观与传统的职业伦理观相融合,从社会的角度和高层次的政策制定和完善,从宏观层面上树立起对编辑职业伦理的有力制约。只有让广大编辑队伍人怀自励、克己奉公、勤勉向上,才会收到比较理想的效果。因此,无论外在环境怎样,品德的培养都要依赖于自己的主观能动性。"慎独"是一种自觉的自觉。该做的事,该坚持的事,在有组织和无组织的监督下,都要做,要坚持;而在有规矩和没有规矩的情况下,也要自觉地去干,并且要坚持下去。反之,不要在所有场合下,不要做那些不应该的事情。在编辑工作中要重视"慎独",坚持"慎独",努力达到"慎独"的境界。

二、学报编辑的业务修养

编辑业务修养,即指编辑所具备的业务能力与业务水平。编辑工作作为政治、教育、教学、科研、生产等活动中的一个重要环节,编辑要有政治、教育、科研、生产等方面的基本要求。科学在不断发展,学科之间相互渗透,相互融合,形成了许多交叉学科和边缘学科,使其更新的时间不断缩短。编辑要能跟上节奏和步伐,就要广泛涉猎,博览群书,拓宽眼界。除此之外,编辑还要具备很强的写作能力,要练就一只锋锐的钢笔,还要掌握一种独特的雕刻技巧。只有如此,才能让文字变得流畅,而不会影响到作者的意图和思想。

由于学报的工作面向学术刊物,其业务修养也就具有一定的内涵需求,具体表现为知识结构与技能构成。

(一)学报编辑的知识结构

知识结构是"科学知识的内部联系和规律"它既有一定的层次性,又有整体关联性。其中,各个部分、各个环节之间相互适应,相互折射,相互激励,从而达到特定的工作目的,进而激发出极大的创造性。学报编辑的最佳知识结构就是以建立专业知识为核心的多学科、多功能的网络架构，精深的专业知识，包括广博的学科知识，编辑业务理论知识和编辑出版的有关操作技能。

1. 专业知识

所谓"专家"，就是学报编辑，特别是栏目编辑要具备对自己所负责的领域所具有的专门的专长。每一个版块，都有自己的特色。担任栏目编辑，不仅要精通学科的基础理论知识，而且要对学科的历史、现状和发展趋势进行全面的了解。要想成为一位优秀的栏目编辑，必须要把自己的科研方向和自己的工作范围相联系起来，以便在这个方面取得一定的成就，并具备很高的学识，能够正确地辨别稿件的科学性和价值性，这样才能成为一位优秀的编辑。

2. 广博的科学文化知识

广泛的科技文化知识，是指在拥有一定的专门知识的前提下，对其它学科的知识也要有相当的认识，知识面要广，这样才能使编辑工作更加的顺理成章。学报编辑必须具备广泛的科技文化素养，以及与之相匹配的其它学科文化知识，这些都是由学报自身的特性所决定的。这就需要既要对自身专业有很好的理解，又要有广博的相关专业的相关学科的相关知识。在审阅、修改论文时，既要选择好文稿，又要具备一定的政治、文学、语言学、外语、逻辑、经济学、计算机等相关学科的相关知识。

3. 编辑理论知识

学报编辑除了要具备一定的专门学科和其它学科的知识外，更要对编辑的学术思想进行深入的探讨，以此来指导自己的工作，并为我国新闻出版事业的发展作出自己的一份努力。编辑科学具有很强的科学性和实用性，它既对现实生活中的各种现象进行了剖析和研究，将其基础的观念提炼出来，并在一定程度上构成了一种理论认识；又以理论为依据，结合具体的编辑工作实践，探讨了在编辑工作中的一些体会和做法。其科学系主要包括两个方面：一是理论编辑，二是应用编辑技术。二者相互渗透，相互促进，共同推动着编辑学与编辑工作的发展。

理论编辑学的使命就是运用辩证、历史唯物主义的方法来总结编辑工作中出现的各种问题和实际的编辑经验，去粗取精，去伪存真，从而找到其本质的规律。其基本内涵为编辑理论的起源、历史沿革；编辑学的性质、对象、任务和指导思想；编辑与社会政治经济文化的联系，诸如此类。应用编辑学主要是从实践出发，探讨编辑发展策略、编辑自身素质等现实问题。

总而言之，一名优秀的编辑，其知识的构成并非单纯的知识累积，而是通过大量的知识累积，有意识地选择和排列成一张知识网，以专业为主导，以博学为辅的最佳组合。

（二）学报编辑的能力结构

"能力"是一个人在从事一种特定的工作中所必须具备的性格特征。很明显，学报编辑的人格特质或主体性要求是编辑主体在从事其工作时所必需的。要确保学报的编辑工作顺利开展，单纯依靠某一种专业知识还不足以支撑学报的出版工作，还需要将各种技能进行综合运用。唯有如此，在科技迅猛发展、信息爆炸的今天，编辑的主体性才能体现出来，为我国的社会主义编辑出版事业作出自己的贡献。

1. 创新思维能力

创新思维是一种综合性的思考技能。"创意思维是一门先进的抽象思维和逻辑思维，是把各种信息、知识、材料和概念，按照科学的思维方式，通过想象力，把它们组合在一起，从而产生新的信息、知识、材料和概念。""新"的革新与"旧"相比，是"旧"的一种突破。学术创新是科研的生命力，学报要具有一定的学术水准，就要在科学的前提下进行创新。作为学报工作的主体，学报编辑应该积极主动，在选择问题上要有指导作用，要全面把握科学研究的"行情"，要善于预测研究的前景，要善于发掘原创论文，要善于寻找有创意的论文，要坚持"推陈出新"。创新思维能力与逻辑思维、形象思维、辨证思维能力密切相关。在逻辑思维、形象思维、辨证思维等方面，是实现编辑创新思维的重要途径。这就需要在编写和审查论文时，能够用历史的、现实的和发展的观点对问题进行深入的剖析，对其进行全面的理解和总结，进而掌握其发展的方向和需要，并在其内容上取得新的突破。

2. 职业敏感能力

学报编辑的专业敏感度是指学报编辑在从事专业工作时，对于自身所需的资料，如文摘、非文摘等，具有较强的预判性。专业素养的敏锐需要一种专业的工作态度，即要善于观察、善于倾听；具备迅速回应资讯的技能；同时也具有从平常的稿件中，抓住其新的、独特的信息。在科技进步迅速、信息不断变化的今天，编辑人员的专业敏感是保证编辑及时准确地把握热点、敏感问题、寻找主题和稿件的重要前提。学报编辑的专业敏感性主要体现在：正确认识判断、反应敏捷、联系能力强。

3. 语文文字能力

语文写作水平是指学报编辑在写作过程中，运用各种语言进行写作的综合运用的能力。一篇论文，不管你说的是什么，如果不能很好地表述出来，就会让别人对你的论文在理解上产生很大的负面作用；而一篇文字流利、简洁、措辞精练的论文，无疑能使论文的内涵更充分、更准确，更有魅力，更具感染力。在日常的编审工作中，发现所选用的论文仍然存在着一些问题，只能依靠编辑的"妙手回春"。这就需要有很好的运用语言的能力，运用逻辑、文法、修辞等基础技能，正确地对不符合文法和修辞的语句进行正确的判读和修正，纠正错误或生造的词汇，纠正笔误、漏字、错别字和错误的标点符号等。

4. 社会活动能力

在社会交往中，编辑的社交能力主要有社会交往能力和组织能力。高校学报作为学术科研的重要媒介，其目的是为教学、科研、社会实践提供服务。高校学报要及时反映教学、科研、社会等方面的情况，既要满足教学科研、社会工作的要求，又要做到与社会、教学、科研交往相结合。编辑必须具有某种社交技能，其作用在于：能够拓宽视野，启发思考，发掘作者；能获得即时的资讯回馈；可以把学报的影响力扩展，诸如此类。

第二节　高校学报编辑的职业道德与诚信

一、职业道德范畴的界定

（一）职业道德

要了解职业道德，首先要了解职业。职业的概念最早指的是一种职务或一项工作。在古希腊，职业指的是祭司或官吏，也指监工、奴仆、商人等。在中国，职业的概念最初只有官职的意义，表示"官职"。今天的职业，是指个人在社会中长期从事并赖以谋生的工作。

从"职业"诞生之日起，职业道德就一直存在。在农牧业社会，在劳动关系不稳固的情况下，职业道德与其它伦理的结合是因为劳动的不平衡。在自给自足的自然经济中，家庭是一个组织单元，它是人类活动的一个单元，也是人类进行社会活动的中心。在中国古代，"君、臣、父、子"是一种伦理，即"家族伦理"。在中国的社会里，职业伦理与家庭伦理和社会道德相结合。古代希腊哲学家柏拉图早已认识到职业伦理的重要意义，他认为，在所有人都有自己的职责的情况下，一个拥有聪明的奴隶，一个勇士，一个有节操的工人——这个世界就是公正的。然而，在过去的社会中，并没有建立起与人平等的联系，因而难以建立起专业上的均衡性。现代社会，由于工业化，社会的大范围的发展，使得行业的分工更加细化，从家族中逐步解脱，到了社会上，职业也就变得更加专业化。随着平等思想与意识的产生，在工业化社会中，职业阶层也逐步从阶级中解放出来，而职业者则得到了同等的地位。职业伦理从家族伦理中脱离出来，逐步得到与家族伦理同样的重视。

专业伦理与人类的职业生涯有着密切的关系，是由专业的实践衍生而来。因为从事某些职业的人员拥有共同的劳动方式和共同的职业技能，所以他们的职业理想、兴趣、爱好、习惯和心理特点都是相同的，形成了一种特有的职业职责和职业操守。就像恩格斯所说的："在现实生活中，每个阶层，乃至每个产业，都有自己的道义。"职业道德是一种调节内部和外部的联系的工具，它具有与其它伦理相区别的特征：

第一、职业道德是一种特定的社会伦理范畴。职业道德是指在特定的社会实践中，由人类所具有的特定的社会行为而逐步发展起来的。同样的阶层可以做各种工作，同样的工作也可以接纳各种阶层的人，所以，职业道德是一个特别的社会伦理范畴。

第二、职业道德体现了不同行业特定的工作内容和行为模式，并体现出行业特征。就其内涵而言，专业伦理是行业中的专业操守，是业界应遵循的行业标准。从应用的角度来看，职业道德仅仅是对专业活动进行调节的一种方式，而每个职业道德仅限于某一具体的专业范畴，仅限于对其专业的规范。而这种专业化与其它伦理形态的差异，也使其具有较强的稳定性和继承性，使同一种伦理的一些基本准则能够随着时代的变迁而不断地流传下去。

第三、职业道德在表达方式方面具有很强的适用性和可测试性。不同的行业常常根据自己的工作需要，综合考虑其所处的客观情况和特定的情况以及人民的可承受性，采取相应的具体、简洁、鲜明的表达方式，如规章、制度、条例、公约、通知等。简单、清晰的语言可以让人更好的记住和被接受，也可以让他们更好的练习和执行。但是，这并不意味着所有的职业道德都是那么的简陋，就算是专业的职业道德，在某种程度上也是有着自己的理念和标准的。

（二）社会主义社会的职业道德

1. "以人为本"

社会主义职业道德是从专业行为中产生的，以公有制为主体、多种经济共同发展为前提的。在所有制结构中，以生产资料公有制为主导，因而国家利益、集体利益和个体利益具有统一性，这就导致了社会主义职业伦理的基本准则是集体主义和为民服务。为民是社会各界的普遍道德要求。在全社会中，大家互相帮助，个人为别人，别人为自己，整个社会出现了一种新型的、相互促进的和谐关系，它在伦理层面上具有"人民性"的特点。

2. 爱岗敬业

《公民道德建设实施纲要》中明确提出："在现代化的社会中，职业的分工和职业的不断完善，以及市场的竞争日益加剧。要提倡敬业爱岗、诚实守信、公道办事、为人民服务、为社会奉献的职业精神，激励人民成为一名优秀的建设者。"它体现了新时代社会主义职业精神的基本内涵：爱岗敬业，诚实守信，办事公正，服务群众，奉献社会。热爱工作是最根本的社会主义职业操守，也是每个员工能否具备良好的职业操守的重要指标。在本质上，"热爱工作"是人们对自己的工作态度，"爱岗"是对自己的工作的热情，"敬业"是对自己的工作尊敬有加，视之为一种天职。所以，爱岗敬业的根本条件是：对自己工作的坚持、执着和对工作的追求。社会主义社会的职业道德行为最基本的特点就是要适应人民不断提高的物质和精神生活的追求，使社会各界人士自觉地将自身的专业行为和自身的工作相结合，自觉地意识到自己的工作的意义，以一种充满激情的态度去从事自己的工作。热爱工作和喜爱工作，那是完全不同的概念，热爱工作，就能做好自己的工作，不会后悔。

3. 诚实守信

诚信是社会主义市场经济发展的根本条件，是我国社会主义职业操守的重要组成部分。在市场经济中，最基础的交易活动必须依靠交易各方之间的诚信，才能使交易能有效运行。虽然不同行业之间、不同的人之间有不同的竞争，但是不同的人却有相同的兴趣和理念，他们之间的合作和服务都是平等的。他们的交易，讲究的就是诚信和公平。做人要做到诚实、守信用，这是做人最根本的条件，所谓"言而不信，则不知其可也"，这句话的意思是，一个人要真正做到这一点，就可以在这个世界上站稳脚跟。就整个社会而言，只有做到诚实守信，才能营造出一个良好的社会环境和氛围，从而保证公民的合法权益。服务群众、为社会服务是社会主义职业伦理的根本需求。尽管各个阶层所承担的社会责任和工作的内容不尽相同，但基本目标是一样的：为人民、为社会主义而努力工作。为人民服务就是要真心为人民服务,要有礼有节,要有热心,要注重服务的标准和品质;"献身"是将个体的理想和对社会的需求相统一,将个体的价值与对社会的贡献相统一,从而使个体的价值得以实现。诚实守信是社会主义职业伦理的精髓之一,为民服务是诚实守信的宗旨。

(三) 高校学报编辑的职业道德

中国的高校学报是我国社会主义文化建设的重要内容之一,而社会主义文化则体现了我国经济、政治的根本特点,同时也极大地推动了国家经济、政治的发展。因而,高校学报自身的特性使之与其它职业伦理相比较就具有自身的特色和功能。

学报的职业道德与学报的出版工作有着密切的关系,而出版业的职业道德特征也与其自身的特征有着密切的关系。从出版业的职业操守的角度来看,其职业操守表现为:

1. 具有鲜明的政治和社会意识

作为一项为广大师生和科研人员供给精神产品的工作,高校学报肩负着宣传、引导和传播文化的重任。服务人民、服务社会主义,充分反映了学报与人民、与国家的联系,凸显了出版业的社会主义本质,凸显了学报的的政治导向与社会责任感。古往今来,不论何朝何代,不论中国或国外,出版界的职业操守与其它职业相比,都具有鲜明的特色。高校学报服务人民、服务社会主义,是社会主义文化服务社会主义经济、社会主义政治的一种。在现阶段,要把重点放在实现我国社会主义现代化强国的伟大事业上来。

2. 高尚的职业情怀

高校学报的职业道德准则与社会主义伦理准则是紧密联系在一起的,比如:"遵纪守法、廉洁自律"、"团结协作、诚实守信"是我国新闻出版业的职业道德准则;为人民服务、为社会主义服务,这不仅是我国新闻出版事业发展的基础,也是新闻出版事业的根本要求。此外,作为学术期刊,高校学报还应承担"普及和积聚有利于提高民族素质、有利于经济和社会发展的科技、文化教育,发扬民族优秀文化,推动世界文化交流,充实和提高人们的精神境界"的责任。

3. 凸显的职业化特征

出版界的职业化特征与出版业的工作密切相关，这是一个长期而又繁重的工作。从对新编辑的培训，到全国性的各类初级、中级资格考试，到各类出版界的各类宣传教育，到各类书籍的评选，无不显示了我国对出版界的职业化的重视。德育工作贯穿于整个出版工作，而责任感、使命感的养成也需要在长期的工作和学习中得到锻炼。而在这一过程中，高校学报编辑必须要适应出版业的职业化特征，并将其作为一种长期的职业教育来加以培养。

（四）加强高校学报编辑的职业操守

职业操守是一种以出版业发展为核心的职业精神、职业态度、职业纪律和职业责任感等方面的一种职业伦理教育。目的在于通过开展此类教育活动，来提高从业者的职业道德、树立职业道德模范、形成良好的社会风尚、引领社会风气、促进公民道德建设等方面的影响，为我国出版业的发展、解决当前的问题、促进出版产业健康发展提供强有力的思想指导和规范要求。高校学报编辑要想推出精品刊物，要想提升学报的品质，就必须加强职业操守的培训。通过培训，使编辑具有廉洁意识、责任意识、团队意识和诚信意识，强化使命感与责任感，从而更好地为人民服务，为社会主义科技文化事业服务。

二、严格遵守职业道德，提升高校学报的编辑素质

（一）坚持办好学报的正确方针，不辜负学报编辑工作的神圣职责

出版业的任务，是有其自身的历史变化的。在不同的时代，不同的国家，对于出版物的任务和执行有着本质的差异。因为出版工作的特殊性，它所表现出来的双重属性（即物质和精神），使我们的出版工作要无条件地为社会主义文化事业的发展以及党和国家的工作大局所做的一切工作服务，并

要自觉地接受国家的管理、监督和领导,在宪法和法律许可的情况下进行出版工作。对于高校学报来说,要做到这一点,必须从三个层面来实现。

首先,要把马列主义、毛泽东思想、邓小平理论、"三个代表"重要思想、科学发展观和习近平新时代中国特色社会主义思想作为自己的主要思想,广泛地宣传和积聚各种有利于提高民族素质、有利于经济和社会发展的科技和文化,把民族优秀的文化传承下去,推动世界各国的文化交往,使人民的思想得到充实和提高,为社会主义物质和精神文明服务。高校学报的举办机构,肩负着为社会主义经济发展提供高等专业技术人员的重要任务,它的举办与社会经济、文化发展有着直接的联系,它的举办不仅要受到社会发展的规律性的约束,而且还必须对社会的政治、经济、文化发展产生影响。作为高校教学工作的一项重要内容,学报当然要遵循教育的根本法则。所以,高校学报在其办刊的全过程中,要始终贯彻党的根本路线和根本原则,要有政治意识、大局意识,要处理好改革、发展与稳定之间的矛盾;要做到社会效益和经济效益相结合,以质取胜;为实现社会主义现代化强国、实现中华民族的伟大复兴提供智力支持、精神动力、舆论环境和思想保障。

其次,按照高等学校的办学宗旨,坚持以培养高等专业技术人员和开展学术研究为宗旨,并服从于教学与科研的要求。高校以培养学生和发展科学来履行其社会功能,而学报是高校教学科研工作的主要内容,是体现教学科研、交流教学科研成果、体现科技成果转化为社会生产力的重要平台。随着科技的飞速发展,高等教育在国民经济中的作用日益突出,高校的科学研究不仅是我国科技事业的一个重要方面,更是与人才的培养密切相关。很多具有开创性的科学原理和前沿科技,通常都是在高校的平台或者是在实验室里被发明出来的。自国家恢复并确立科学技术奖后,高校取得的自然科学奖、国家发明奖、国家科学技术进步奖的绝大部分都是在高校学报上发表和推广的。因此,高校学报的工作任务就是帮助高校实现现代生产、科技与现代高等教育的有机融合,借助学报这一重要媒介充分发挥高校教学科研综合性的优势。但是,应该看到,尽管学报的专业性质和学术性质较高,但从"为人民服务，为社会主义服务"这一任务的角度出发，将学报的办刊目标定位于"反映本校的教学科研成果"，则既无法摆脱封闭型的办刊模式，也无法真正完成学报"为人民服务，为社会主义服务"的崇高使命。为此，我们应该跳出学校的界限，拓宽自己的眼界，探索学报的发展途径。

第三，学报的编辑必须深刻地理解，出版的最终产物是包含思想内涵的出版物，它既是思想的产物，也是普通的商品。学报媒体的受众虽不如新闻、生活、娱乐等媒体那么多，但其具有高度的职业素养和高水平的鉴赏力，其言论、观点具有相当的影响。因而，以江泽民同志倡导的"以科学的理论武装人，以正确的舆论引导人，以高尚的精神塑造人，以优秀的作品鼓舞人"来作为编辑的神圣使命。

（二）坚持学术伦理，努力提升学报的学术水平

要从根本上强化思想品德，构建适应社会主义市场经济、社会主义法律规范、符合中华民族传统美德的社会主义意识形态和伦理制度。新闻出版业的职业道德建设是我国新闻出版业发展的一个必然趋势。

作为高校学报的编辑，要坚持《中国出版工作者职业道德准则》八大宗旨：为人民服务，为社会主义服务；强化使命感与责任意识，努力实现两者利益的最优统一；要有精品的自觉，努力提升出版物的品质；要遵守法律法规；要廉洁；要有责任心；要有诚信；要讲团结；要有勤劳的精神，为祖国着想。要真正理解、把握并真正做到这一点，就必须切实加强学报编辑的职业操守，不断提升学报的质量和水平。

高校学报是科技信息的专业传播媒介，其传播的职能是复合的。从传播的视角来分析，作者是媒介的源头，受众是媒介的载体，而编辑则是媒介的经营者和传播者。它是由编辑的创作工作组成的，是把各种信息来源联系起来的。编辑的任务就是收集、加工信息，构建信息的最优路径，从而实现信息的高效传递。为此，坚持正确的政治取向是高校学报编辑工作的核心，诚信和操守是高校学报编辑的根本。

首先，坚持专业伦理原则是高校学报编辑在选题过程中不断提升学报品

质的重要手段。学报编辑面临着不同的作品，要想把最宝贵的论文尽快地、高效地投入到传播中去，从而获得社会和经济利益，就需要对论文做出正确的判断。就是选择优劣，去伪存真。在论文的选取上，学报编辑要承担起作为出版人的职责，始终要时刻记住："思想是自由的，学习的是没有限制的，是要有自律的。"

从现有学报的来源来判断，学报对论文的使用量是很大的，但使用频率却在不断降低。尤其是近些年，高校招生规模扩大，师资队伍建设的积极性不断提高，职称评价要求越来越高，稿件数量较多，学报数量较少。如何化解这种冲突已成为衡量我国高校学报学术水平的一个重要指标。一般来说，编辑可以根据政治和学术的标准来挑选稿源。但是，如果与社会主义价值观念、伦理观念相抵触，不能对稿源来源进行严密的审查，必然导致稿源来源的错误取向，使其在高校学报中出现较低的学术水平的文章，乃至是反映不良思想的论文。这种做法不仅会使高校学报的学术水准下降，而且还会影响到学报的组织者的声誉。要消除审稿舞弊、草率盲从、审稿自负、审稿武断、审稿不公正等问题，就必须以高度的责任心，提高稿件选择的准确性、可靠性和公平性。

其次，以诚实和操守作为编辑工作的基本准则，同时也是提升学报学术质量和服务水平的保障。大众传媒因其本身的特点而具有时空上的差异，它的来源（作者）、信道（媒体）和信宿（受众）都有一定的时空间隔。在此背景下，期刊如何实现信息的传播，既要做到信息的准确可靠，又要做到信息的真实、信息的纯度、信息的数量的充分的渗透。在这个时候，诚实是最基本的准则。我国《公民道德建设实施纲要》中，将"明礼诚信"作为我国人民的一项重要的道德准则。做一名有资格的市民。诚信是一种极其关键的品德和最根本的行为准则，也是人类在社会中应遵循的一项责任。在目前的出版从业人员的工作环境中，"诚实守信"的问题尤为突出。买卖书号、刊号、版号、发行、版权、非法印刷、复制、非法运营等，都与信用的缺乏有关。马克思《资本论》认为，竞争与信贷是两种最有效的资本聚集手段，而诚信则是信用体系的基石，也是一个良好的经济运行环境。若以工业发展的眼光来看，当一个职业人士失去了信用，他所散布或制作的灵性作品都是假冒的，甚至于是虚假的，这样一是损害了国家和民众，二是会被人们所不齿。高校学报编辑与作者、读者之间存在着一种互相依赖的联系。要提升高校学报的学术水平和影响力，达到世界一流期刊的水平，就必须建立学报编辑与作者和读者之间的"诚实守信"的共生关系，并在此基础上践行出版人的职业操守。

编辑的诚实体现在审稿、加工和设计过程中对稿件的再加工、再整合，在对原文保持忠诚的前提下，采用全局的思路对稿件进行重组，使原文的缺陷得到最大程度的弥补，从而使其更好地向广大的受众传递出宝贵的资讯。这不仅是对原著者的尊敬，也是对新旧作者的激励，同时也是扩大期刊稿件来源，提高期刊品质的一个主要途径。

高校学报往往是多学科专业、多作者、多主题性质，如何构建学报与受众的信任是当前高校学报所面对的一个难题。学报发行数量少，这是一种常见的现象。虽然读者范围比较小，但是编辑和读者也有一定的交流，因此，在交流中难免会出现一些诚实的问题。作为一名学报编辑，其诚信即是对其所负的义务，也是其作为一名编辑的基本道德规范。从选题、组稿、版式、版面的编排，以及空白、文字、题饰、插图等方面，都要从读者的视角来全面地思考。对读者来说，"诚实"就是期刊的"身份"和"期望"。读者对期刊的信赖心理，在现实中建立起了一个很好的声誉。学报的信誉一经建立，就等于是一种无形的财富，通过不断的工作，最终建立起期刊的品牌效应。在整体的办刊理念上，学术取向比市场化取向更具优势。

除了作者和读者之间的诚信问题之外，学报与主办单位和主管部门之间也存在着诚信问题。在出版从业人员的职业伦理方面，主要体现在舆论的引导上，能否坚持正确的舆论引导，如何履行好自己的职责。要深刻领会"三审"工作的神圣任务，要对思想政治工作的艰巨性、长期性和复杂性有清醒的认识，要自觉树立正确的思想观念，强化"三审"机制的构建和监督。学报编辑是组织机构中的一份子，应该清楚地规定自己的职责，忠实地履行自己的职责，并维护自己的集体和个人的利益。在编辑组稿、加工发稿、稿酬发放等方面，不能以个人利益或个人亲疏为依据。对主办单位、主管部门的忠诚，也体现在学报的经营和管理上，倡导节俭、降低费用。高校学报的编辑必须具有较强的编辑能力、较强的职业素养、较强的工作态度和较强的开拓性。

（三）加强学报编辑的主体性，提升学报的品质

编辑的主观能动性是指在一定的社会、文化中所处的特殊位置与角色所形成的一种对其主观能动性的认识。与作者、读者相比，编辑是占统治的角色。作者的论文必须由编辑的主体性审查和事前审核，才能使其具有社会经济价值；而只有在编辑的主体性行为中，读者对精神和文化的需要得以具体化和现实化。如果说，作者是精神商品的生产者，而阅读是消费者的主要消费对象，那么，作为作者与受众互动的媒介，编辑就是一个调节的对象。在马克思看来，所有的文化行为都受到政治、经济、历史等多种因素的影响和限制，尤其是在编辑工作中。编辑主体意识不仅是编辑个人意愿的反映，它更是一种社会主体意识的具体表现，它反映了人类对文明和进步的需求。编辑活动要求编辑根据自身的基本利益、目的和愿望，自觉、能动地组织和提供精神文化产物。编辑的工作，主要是从办刊宗旨、选题策划、组稿计划等方面对作者的作品进行严格的审核，并对受众进行指导，使其在编辑中起到主导的调节功能。

在高校学报的编辑工作中，应突出学报编辑的主体性。学报编辑的主观能动性是学报的重要组成部分。增强编辑的主观能动性，就是要增强自身的学术素养，增强对社会、时代和历史的使命感，把个人的兴趣和社会的整体利益统一起来，以推动社会、政治和精神文明的和谐发展。作为学报的编辑，特别是要拓展学报稿件的来源，拓宽学报的选题范围，注重学报的品质。同时，在办刊过程中还应注重对学报的内容和特点进行宣传，使学报的出版范围和办刊宗旨更加鲜明，使作者、读者及时地了解学报的选题动态、编辑报道意图，从而更贴近读者和作者，贴近办刊的客观条件。学报的生命力在于品质，而学报的品质直接关系到其稿件的来源。

高校学报的编辑应注重对稿件来源变化的规律性的剖析，提高使用效率会促进投稿数量的提高。由于学报的承载能力的限制，会对论文的采纳速度产生一定的阻碍；由于采纳速度的降低，一定程度上会导致一些作者的稿件流失，从而导致稿件数量的减少。为了保持投稿的数量，必须增加论文的采纳速度。针对这一问题，要根据实际情况，分别加以剖析，正确掌握"丰稿期"、"枯稿期"产生的真正缘由和时代背景，避免在征文过程中出现错误，造成学报总体的质量降低。

学报编辑作为我国新闻出版事业的一份子，要时刻铭记为中华民族、为社会主义文化事业奋斗的光荣使命，要坚持自己的专业精神，珍视学报的名誉，以敬业爱岗的工作作风，精湛的编辑加工技能努力办好高校学报。

三、高校学报编辑工作中的诚实

（一）高校学报诚信的内涵

什么是诚信，《辞海》中"诚"一词有"真心实意"之义，而"信"之义为"诚而无伪"。由此可见，诚实的含义就是诚实守信，不欺诈，以赢得别人的信赖。中国有着 5000 年的文明历史，在长期的发展过程中，吸收了各个民族的优点，从而成为中国的优秀的民族文化和优秀品质。例如：尊长者、提倡节俭、勤勉、尊敬师长、等等。在中国封建社会中，有 3000 多年的历史，儒教被视为经书。《举贤良对策一》中，西汉董仲舒说："夫仁、谊（义）、礼（礼）、知（智）、信五常之法。"董仲舒曾提出要建立一个正义的国家，就应该倡导"五常"。"信"是"五常"之一。由此可见，"信"是"五常"的一个主要组成部分。

人生存在这个世界，站在这个世界上，为什么要生存？何为人生之道？古代人们相信"诚"与"信"是一体的，"诚"是"人的"心"，"信"是"人"的"一"；"信"的基础是"诚"，而"信"的使用则是"诚"。"诚"与"信"，构成了一个人的道德基础。古代的人们，对许下的诺言比对自己的性命更看重，如果许下的诺言无法实现，就会用自己的性命去弥补。尽管这样做有点过了，但是那种悲壮的灵魂，真的很让人感动。比如荆柯刺秦王，不管成功还是失败，他都要被杀死，但他既然已经承诺了，那么就一定会履行诺言。我们并不是要主张以死守诺，而是要守信用，要竭尽全力地去实现。若情况发生变化，不能履行，也要与另一方说明，以获得其理解。

诚实是人的根本，是社会主义市场经济发展的道义依据。高校学报是一种具有灵性的商品，它是编辑、作者、评审人员三方协作的产物，其信誉关系到编辑工作的每一个环节，编辑在编辑工作中扮演着非常关键的角色。我们的办刊宗旨、方针、内容、规章制度等，应让广大读者作者体会到、感受到，从而增强他们对刊物的信任度，并最终让读者受益。

在追求学报发展的同时，学报编辑也应积极与读者、作者、评审人员保持长期的协作关系，将诚实作为学报的生命之源。在高校学报中，编辑是保证学报信誉的重要因素，它起着沟通作者与读者的作用，正确理解学报办刊宗旨，倡导诚实信用，遵守各种制度，建立编辑的职业操守，即"诚实守信"，讲真话、干实事、追求实际。

编辑和老师是"心灵的工程师"。所以，对编辑的素质提出了更高的标准。再有编辑应该具有许多优良品质，比如思想先进、思想高尚、情操高尚、胸怀宽广、为人正直等等。而那些编造、猎奇、把庸俗的"关系学"引入编辑工作，文过饰非，拒绝批评，滥用权力，不能严格遵守规章制度的行为，这些都是由于编辑工作的不诚实造成的。因此，在增强编辑的职业道德修养方面，我们的编辑工作任重道远。

（二）规范管理，提倡诚实守信

编辑工作，既要充分体现出社会和广大受众的兴趣，又要具有强烈的责任感和使命感。在尊重作品意愿、风格、不更改原作的前提下，对其进行修改整理，去粗取精、去伪存真，从而达到改善作品品质的目的。通过处理使作者的论文更加完美，使其符合读者的需求。要想提升学报的品质，增强学报的公信力，就必须树立良好的学风。

1. 诚实组稿，优中选优

为提高学报质量，学报编辑室针对不同专业的发展，制订出详细的近、中、远期规划。要经常在科学研究的最前线定期与相关专业人士联络，及时掌握国内外相关领域的最新动向和所开展的项目的研究成果，并将其作为国内和省级的重要项目。在邀请专业人士投稿的同时，编辑还把稿件的审稿、组稿、推荐等工作交给他们，既能有效地提升稿件的品质，又极大地充实了稿件来源，使得学报实现诚信有了保障。

2. 严格执行"三审制"

编辑部门对投稿均采取"双向不记名"的方式，严格实行编辑初审、专家评审、副主编评审、主编评审"三审制"，编辑不得自行选择投稿。一般情况下，审核人员必须是副高级或高级，内外兼修。编辑部门针对不同领域的发展，设立一个"动态"的审稿专家小组，重点关注审稿人员的状况，及时更新和补充，确保审核人员与所选的专业领域相适应，从而提升审核的公信力。

3. 加强标准化管理，提高编辑质量

学术品质是学报的生命之源，而优秀的编辑更是与学风的互补。为了实现这一目标，各编辑室均配备了《中国高等学校社会科学学报编排规范》、《社科期刊撰稿与编辑规范十二讲》、《中国学术期刊（光盘版）检索与评价数据规范》，以便于对编辑工作的研究。编辑室每周进行一次业务研修，让标准化在每位编辑心里根深蒂固。为了不断提升自身的工作能力，应加强对编辑的培训，让他们参与全国、省级有关期刊标准化、规范化的培训班。在编辑形式上，《规范》的规定必须严格遵守。确保高校学报的信誉。

4. 对每一篇稿件给予公正的处理

在科研试验、科研工作中要做到"以诚为本"，不得随意编造数据，不得弄虚作假。在与作者的交流中，编辑要以真诚的态度，从约稿、修改、退稿，真诚地服务于作者。具备诚实守信的精神。比如，写论文的时候，要把自己的需求说得很明白，然后按照自己的方式，把自己的意见和建议都说出来，没有任何的耽搁，要有明确的意见，有道理，有说服力，诸如此类。一旦学报上出现了抄袭、伪造数据等问题，那么，学报就需要公开揭露、纠正，这是维持学报信誉的必要手段。

5. 发扬"屈从于仆从"的精神

学报编辑要像鲁迅一样，"屈从于仆从"，甘于做一个人的阶梯，

做一个默默无闻的英雄。要一针见血，一字一句的对作者的论文进行评价和提出修改意见，甘做人梯将其作品打造成精品。为此，学报编辑要具备多种技能和学识。与专业自身的需求相比，编辑的专业素质和学识总是不足的。学报编辑要勤学勤修，不断提升自我，始终坚持诚信，以诚信为本。

（三）诚信守信服务于读者

虽然说，编辑和读者之间的交流是一种间接的交流，但也不能有丝毫的松懈，更不能有半点的欺骗。对读者既要热心，也要对作者的论文进行严格的审查，努力为广大读者提供优质的阅读体验。

读者是高校学报的终极目标，其受众规模是其信誉的重要标志。从其创办目的等角度，读者就可以了解其信誉。如果学报丧失了信誉，学报就会丧失使用者（受众），丧失在市场上的基础，编辑、作者、审稿人都要有一种强大的读者观，以读者群的视角来思考问题。编辑是作者和受众的媒介，在编辑、出版、发行过程中，把自己的情感、思维等各种心理活动都聚焦于如何为广大受众服务，与广大的受众建立起密切的关系和交流，听取他们的意见，并向他们提供更多的技术和技术资料，以迎合不同层次的读者需要。在学报出版过程中，编辑和审稿人员应当站在读者的立场，摒弃某些繁琐的叙述和多余的内容，尽可能地用有限的空间向广大的受众传达最新的资讯，使之能够让人从中获益。而作为学报的编辑，他们应以一种严肃、务实的心态来看待学报，如果发现了什么问题，就第一时间直接找主编，坦白地讲，不乱评价，这也是编辑诚实的体现。高校学报的诚实信用是以学报的作者、评

审专家和广大读者的真诚协作为基础的。

简而言之，诚实是一个编辑工作的基本和中心，每个编辑都必须以"诚实守信"为人生的目标。要坚持"以德为先"的理念，以保证学术期刊的学术信誉。

第三节 高校学报编辑法律意识的培养

一、高校学报编辑法制观念的培育

法治是国家的根本政策，法治就是培养全社会所有人的法治观念，使之步入法治轨道。高校学报作为一种学术刊物，既是我国科技事业的一种，也是我国的一种文化软力量。学报是大学的教辅部门，而非独立的组织机构。所以，学报的主办机构对学报的评价，主要包括"质量关"、"政治关"以及学报的影响力因素，其刊登的论文能否被知名期刊所选等。而学术论文中的"法律关"常常被忽视。但学报是大高校学术活动的一个展示平台，学报编辑不仅要具备专业素养，还要具备相应的法律素养。目前，国内关于期刊编辑的专门立法并不多见，大部分都是从有关的法律条文中查找，对于期刊编辑工作具有一定的参考价值。培养学报编辑的法制观念，不断提高学法、守法、用法的能力，并能有效地利用法律、法规来保护自己和编辑部的合法权益，是一个出版物得以生存和可持续发展的先决条件。

（一）高校学报编辑应当具有的法制观念

高校学报的编辑作为高校学报的实际参与者和终结者，其工作的好坏将直接关系到学报的内容、地位、声誉乃至存续。因此，加强高校学报编辑的法律观念，对高校学报乃至整个社会的教育质量都有重要的意义。而在从事学报编辑工作时，必须具备责任、诚信和保密意识，以培养自身的法制意识。

1. 责任意识

这就需要学报的编辑不仅要有严谨的工作作风，更要承担起对学术发展的责任和使命，站在编辑的立场上，以全局为中心，以学报为载体推广和展示最前沿的科技。坚持对稿件的"三审"，是学报编辑工作的首要和关键。在编辑工作中，要坚持三次审查，这就要求从基本的体制上，明晰编辑审稿是必要的。只有经过初审、复审和最终审查，编辑方可做出选择。在三次审查中，编辑是否具备承担责任的能力，选稿是否客观公正，将直接关系到学报的质量。

2. 保密性

21世纪，各国的核心能力，以技术革新为主导，其地位日益凸显，而技术机密则是关键。目前，国内报纸的信息安全状况不容乐观。高校学报作为国家科学技术的最前线，也是其他国家信息资源的主要源泉。高校学报编辑对所涉技术资料不够灵敏，缺乏保护意识，任意泄漏国家有关部门机密的信息，将会对我国经济产生巨大影响。学报编辑必须自觉地提高安全意识，做好科学的"看门人"，为国家经济和国防安全做出贡献。

3. 诚实守信

当前，诚信问题已对我国的科学技术发展造成了很大的消极作用。侵害别人版权行为时有发生，有些人甚至是盗用别人的研究结果来做研究；有些学者不能专心钻研，编造资料和数据；有些作者为了职称，聘请了一些打工仔来抄袭、拼凑垃圾论文，这些对高校学报的学术品质造成了很大的损害。虽然作者享有署名、出版、稿费等法律上的合法权益，但由于社会的浮躁，时有发生侵权的行为，导致了学术上的腐败。高校学报是一种学术期刊，它反映了学术成果、学术水平和学术信誉。作为学报的编辑，在学报的每个工作环节和阶段，都应当恪守学术诚信，采取措施，保障版权人的出版权、署名权、修改权和版权等四种权利，并成为学术诚信的带头人、示范者，只有这样学报的学术质量才能得以保证。

（二）高校学报编辑对法制观念缺失成因的探讨

高校学报编辑法律观念缺失的成因十分复杂，其中有编辑自身因素、编辑部内部管理和国家法律法规不健全等因素。

1. 编辑层面：自身素质不高

一是由于一些编辑不懂法规，不懂得应当把握的相关法规，在编辑时，在使用规范、署名、引用文献等问题上没有正确的理解，从而导致了学报的编审水平下降；二是一些编辑对本领域的研究不够深入，不能及时掌握国内外的最新动向，对论文所涉技术的先进性、独特性等问题没有正确理解。因此，如果刊发的论文涉及到某一科研成果的内容、方法甚至核心资料，使之成为公开的技术，并使之变成了世界范围内共同研究的内容，在无意中造成了国家秘密的泄露，编辑还认为这是"文责自负"，并不需要保守秘密。这实际上是编辑犯了认知上的错误而导致的；三是一些编辑违反职业操守，对"人情稿"和"关系稿"审核不力，为个别稿件开"绿灯"，使稿件质量下降；四是一些编辑为了自己的私利，以职务之便，以他人名义刊载他人文章，剽窃他人之作品；五是由于一些编辑的法制观念薄弱，不负责任，不向主管机关通报侵权，导致学术期刊在财务和声誉方面遭受损害，致使侵权者逍遥法外。

2. 编辑部门层面：管理的失范

一是"三审"的程序不规范。当前，我国虽然颁布了期刊审查的严厉法规，要求各期刊均要进行"三审"。然而，在实施过程中，由于存在着诸多问题，比如编辑室所聘用的专业人员，往往是该专业的领军人物，他们在完成了大量的科研工作后，又会在学报中担任审稿人。而对论文进行审查、做出客观的评估、并给出具体的修正建议，往往需要花费很多的时间和精力。因此，审稿人往往会回避或应付，不重视审核；而且，审稿过程中，虽说是以不记名方式审稿，但高校学报的每个专业都会有一个比较稳定的审稿人员，他们互相熟悉自己的研究方向和写作方式，审稿过程中，因为自己的情绪，不能客观公正地审稿，造成"人情稿"、关系稿等问题。

二是争取高质量的论文。为了快速提高学报的影响力，有的学报会推出高质量的论文，而编辑则希望通过自己的关系，来争取更好的稿源。只要邀请到一位知名专家的作品，不仅只是简单地审查，而且有时候还会专门为其开设一个栏目，并支付一笔不菲的费用。这些措施，在短时间内或许能吸引到不少优秀的稿件，但随着时间的推移，最终会变成专家学者们的竞争。但质量较高的论文数量很少，很多时候，专家们都会把自己的作品临时拼凑起来，或者让研究生们来代笔，造成了大量的劣质的作品，使整个评审体系变得空空如也。

3. 社会层面：法律法规不完善

近几年，我国出台了一套专门的出版行业的法律法规，但却没有一套专门面向高校学报的规章，而我国的高校学报又被教育部和国家新闻出版署联合管理，具有多种评价标准和考核制度，不少规范理念模糊，缺少行之有效的具体措施。因而，在实施过程中，司法机构往往因缺乏法律依据而难以实施。而且，近年来，国内和国外学术不端现象层出不穷，不少人认为学术造假、抄袭属于学术伦理问题，并不是什么犯法的行为，只需要进行一次道义上的批评就可以了。这种心态，在科研人员、大学教授、政府官员中都有。比如一向以学术为尊的德国，最近也出现了不少的学术腐败和学术欺诈，曾经因为剽窃而被剥夺了博士学位的德国教育部主任沙万，也因为自己的行为而辞职。他的博士学位论文超过 50% 是剽窃的，而且没有标明来源，这已经远远超过了他所能接受的学术范畴。在舆论的压力下，沙万承认了自己的错误，但他矢口否认自己的抄袭。

（三）培育高校学报编辑法律意识的措施

针对以上学报编辑缺乏法律意识的原因分析，结合实际的编辑工作经验，提出通过编辑自身、编辑部门、国家等三个层面来培育学报编辑的法律意识。

1. 提高专业知识，加强法律修养

编辑不仅要增强自己的专业素养，更要增强自己的法学素养。这是培养

我国新闻出版工作者法制观念的一项重大举措。首先，学报编辑必须具备丰富的学术经验。目前高校对学报编辑的素质提出了更高的标准，其中大部分都是拥有学士或以上学历的。学报编辑不仅要做好自己的编辑工作，而且要积极参与有关学科的研究课题，并能在一定程度上完成高水平的论文写作，从而使自己真正地成为一个从事科学研究的人。只有如此，他们才能通过阅读海量的论文，对自己的学术论文进行深入的理解，掌握国内外的最新研究动向和成果，从而提高对机密和非机密论文的鉴别能力，对抄袭、剽窃的论文和论文的优劣做出准确的分析和评判，进而准确地筛选出高质量、高水平的论文。其次，要强化学报编辑的法学素养。这就需要学报编辑重视法律法规的学习。一位优秀的学报编辑，不但要熟悉《期刊管理暂行规定》、《中华人民共和国著作权法》、《中华人民共和国通用语言文字法》等国家相关的法律、法规，而且对《伯尔尼公约》，《世界版权公约》等一些公约也有一定的认识。与此同时，这些法律法规的最新修改也要跟上时代步伐。要把法律的常识记在心里，就能很好的应用。

2. 规范出版流程，严格审稿制度

学报编辑室要对编辑和出版过程进行规范化，并实行三次审查。学报编辑室要强化对稿件的内审者和外审者的监督，规范化工作程序，是促进学报工作质量的关键所在。

（1）加强内部人员的管理

在平时工作中，学报编辑室要注重对编辑法制的教育，加强对编辑的法制观念的培育。然而，编辑要正确地评估每一份稿件，却又是一项艰巨的任务，这就需要学报必须加强对编辑的法学教育，让他们按时参与到教育部和国家新闻出版署组织的各种有关出版的法律知识的培训，增强他们的法律能力，使他们在工作中不仅能更多地关注有关的专业，还能更好地利用法律武器，促进出版业的健康发展。

（2）强化对编审人员的监督

首先，在审查过程中，不仅要实行匿名审查制度，而且要实行二次审查制度。第二审制度的优势在于，能够将两位外部审稿者的观点结合起来，从而消除他们的主观偏好,从而达到一个比较公正的目的。其次,加强学报编辑部门对外部审计人员的资料库建设。学报在建设专家资料库时,应当关注在有关学科领域能够出版高水平论文的作者群体,尤其是那些已经有突出成就的年轻学者。第三,学报编辑部门要在外部审稿的专家资料库中构建一个完整的评估体系,以便对资料库中的审稿人员进行全面的评估,包括审稿数量、审稿时间、审稿质量等方面的评估,以便科学、系统地评估各专业的外审工作人员。

3. 完善法律法规,树立法治观念

加强新闻出版行业的立法,增强公众对新闻出版的法治意识,是保障新闻出版事业可持续发展的关键措施。首先,要制定一整套独立的、科学的法律制度,明确法律上的犯罪,要受到什么样的惩罚。《关于规范学术期刊出版秩序促进学术期刊健康发展的通知》提出:要加强对国内刊物的审稿、编委会、同行评审等方面的工作;要搞好选题策划,组织稿件,对论文的学术水平、创新成果和发表的价值进行科学的评价,以保证论文的质量;加强对学术伦理、学术诚信的培养,对学术不端现象的坚决反对,严禁任何单位或个人委托他人代笔,严禁刊发抄袭、剽窃他人的作品。其次,可以由各大专院校、科研机构设立学术伦理理事会,依据各自的研究领域和研究方向,制订切实可行的惩罚机制,使所有的科研工作者都具备法制观念,在从事科研活动时,自觉抵制学术不端现象,使科研风气建设制度化、长期化、规范化,只有这样学报编辑才能在工作中真正做到维护编辑部、作者的权益。

第四节 高校学报编辑对学术不端行为的防治

近几年,学术论文中的不当现象越来越严重,已被广泛地视为一种痼疾,已成为学术界的一大顽疾。其具体体现有:虚伪、放弃科学的信仰;学术的浮躁和疏离;论文买卖,学术不端。学术失范是由客观的社会性和个体的功利意识交织而成的。在社会大背景下，社会的价值观、道德观念被功利所束缚，社会中充斥着金钱至上、功利至上的社会风尚，严重地践踏了社会的诚信公正与公平正义，致使学术不端之风更加浮躁和放纵，这是滋生学术不端的社会土壤。从个体的角度看，定量的学术评估体系存在着偏差，评估与奖惩等问题。在职称评定和职务晋升过程中，过度强调指标的数量与可用性，造成了"十年一练"的现象。此外，由于我国现行立法中对学术不端的规范尚无明文规定，对其处罚也是"就事论事"，其制约作用非常薄弱，其高昂的违法成本和所带来的危险对其产生巨大的诱惑力。高校之间存在着盲目的竞争、追求速度、违反科学研究规律、不顾学生和教师的学术水平而追求"高产"的方针，致使"量高质低"，在政策和利润的推动下，出现了"学术不端"、"投机"的作法。

学术失范现象的普遍存在和频繁，不仅妨碍了科技的普及与发展，也给高校的教育生态造成了很大的影响。高校学报编辑室是把科学研究成果传播给大众的一个主要媒体和平台，它在反对学术腐败方面有着独特的作用。这个独特的位置，反映在其多年"收稿无数"的编辑工作中，它是数万个学术成果的"首见者"，受到了众多科研工作者的信任与拥护，它所彰显的严谨、求实的学术作风，对教学科研工作者的研究和治学态度起着重要的导向作用。坚持以科学研究为基础，弘扬科学精神，促进学术交流，繁荣社会主义文化为使命；我们要坚守自己的职责，敢于担当起制止学术失范的重任，坚决维护学术诚信，让学报真正回到"学术公正"的本位。高校学报编辑部门采取以下四项举措来遏制学术失范：

一、以制度防范学术失范

随着时代的变化和发展，高校学报编辑部门聚焦了一支坚实、稳固的读者和作者团队，这是反映编辑工作的永恒力量和源泉，也是编辑部弘扬诚信的学术风尚的主阵地。高校学报除了将那些有学术问题的作者列入黑名单之外，还需要严格遵循科研的程序，包括原文、重要数据、主要思想等方面的研究结果，都必须按照相关的标准进行详细的说明；高校科研成果或科研经费资助的，需提交有关证明文件的原件；在涉及机密的情况下，作者必须向三个不同的系（院）递交一份不涉及机密的文件，这一点看似只是一种不涉及机密的证据，但实际上，作者在这过程中能领略学术高地的威严和神圣，对他们的创作态度起到了告诫作用。

二、强化编辑初审工作

高校学报通常采用编辑初审、专家评审、总审"三审制"。作为基本的审核，编辑的初始审查包含三个部分：审查论文与学报的目标是否一致；研究成果的创造性和学术水准；对论文的内容元素进行分析，以确定其完整程度。在编辑审核过程中，如果有一个环节的缺失，就会产生三个严重的问题：一是引起学术不端（尽管没有太多的重复，但观点和结论与其它论文有很大的相似性）；二是大量的低级稿件使专业人员的研究视野变得模糊不清，同时也使他们的工作变得更加繁重；三是让专业人士对学报的专业水平产生怀疑，从而降低学报的品质。因此，加强对论文的专业水平的审核，既可以防止出现不正之风，又可以在一定程度上确保其学术水平。

三、严格控制主审流程

严谨、规范的审查体系，能确保高校学报论文的原创和科学性。高校学报主要发表学术性的文章，为了防止学术腐败或低劣论文的出现，就应该坚持"以质取稿"的原则，实行"双向匿名"的审查制度，尤其倡导从外部投稿。在提交的过程中，尽可能地采用"同行"的方式进行审稿，充分利用自己的专业学识和对学科领域信息的深入理解和掌握，从而提高对论文审查和评价的权威和科学性。对于有疑问的，可以通过网上的渠道进行核实，并请相关的专家进行讨论，以保证对论文的客观公正，并通知作者审核后的成果。同时也要注意到，在读的本科生、博士生都要有自己的名字，同时也要将自己的论文审核权限交给自己的老师，这样才能有效地防止自己的论文出现问题。

四、充分利用检验软件查重

这个测试软件分为两个部分：一是非法学术论文的检查，二是网上的数据库以及其它的检查设备。针对"学术不端"的问题，论文的相似性大于30％将被取消。比如 CNKI 已应用了 TMLC2、科技期刊检测 AMLC2、社科期刊检测 SMLC2 等。在网络数据库上，相似学科的期刊应该建立一个系统，即在数据库中创建一个"学术不端"数据库，用户可以在其中输入一个"作者"名或论文标题，然后利用谷歌，Fast Search 等大型的搜索软件来完成。通过这种方式，期刊中出现的不良信息（包括作者、单位、内容等）可以被其他作者及时分享，同时也给作者们敲响了警钟，增强了他们的自我约束能力。但由于所有的应用程序都有一定的"盲区"，所以无法从"文本"的一致性程度判断论文的"不道德"，同时还要根据"专业评审"的最终结论来确定。

学术诚信建设是一项具有系统性、长期性的系统工程，它牵扯到了专业伦理、学术诚信教育、利益诱惑、学术评价机制、社会风气等诸多方面，因此，不能有一种"一蹴而就"的心理。高校学报的现代化、科学化、理论化和创新性的发展需要建立高效、务实、操作性强的学术诚信保障体制。因此，高校学报编辑部门应深入研究其产生根源和发展现状，建立健全学术诚信保障制度，形成良好的学术环境，从而为推动高等学校科研持续健康发展提供不竭动力。

结束语

当前，国内高校学报在学术水平与学术成就上存在着较大差异。有些学报在学术水平上处于较高的位置，在研究上取得了较大的成就；有些学报的编辑努力摸索，做出了不少的成绩；还有一些，只是刚刚踏上门槛，刚刚踏上修行之路。对这一发展不均衡的现象，高校学报无论处于那种层次，学报编辑都必须在充分吸收各种专业知识和学说的基础上，根据工作的要求，选择研究的方向，选择研究的主题，进行深度的讨论；尤其要注意高校学报的学术价值、资料价值和应用价值，而这些是衡量高校学报科研学术水平的一个重要指标。

参考文献

[1]张德福.融媒体视域下地方高校学报编辑队伍发展的困境及优化策略研究[J].采写编,2022(06):157－159.

[2]谢敬囡.新形势下高校学报编辑专业素养提升路径探析[J].锦州医科大学学报(社会科学版),2022,20(03):107－109.

[3]马毓.新媒体形势下高校学报编辑的素养提升[J].内蒙古大学学报(哲学社会科学版),2022,54(03):107－112.

[4]洪岩,田利斌."互联网＋"时代对高校学报编辑素质的新要求[J].辽宁师专学报(社会科学版),2022(02):139－140.

[5]赵莉,高玉林.高校学报编辑人员选题策划能力提升路径研究[J].辽宁广播电视大学学报,2022(01):82－84.

[6]任嫦勤.地方综合性高校学报质量提升的编辑素养维度分析[J].韶关学院学报,2021,42(12):67－71.

[7]茹梦丹.融媒体时代高校学报编辑的核心素养与使命担当[J].延安大学学报(社会科学版),2021,43(06):124－128.

[8]钟媛,尹淑英,景勇.媒体融合背景下高校学报编辑素养提升途径[J].传媒论坛,2021,4(20):95－96.

[9]谷晓红.新时代高校学报编辑人员素质探究[J].哈尔滨学院学报,2021,42(05):141－

[10]梁燕燕.高校学报编辑市场意识缺失探究[J].惠州学院学报,2021,41(02):120－123.

[11]韩芳.我国高校学报编辑学术精神塑造研究[J].阴山学刊,2021,34(02):79－88.

[12]付哈利.数字化时代高校学报编辑核心素养培育路径[J].新闻研究导刊,2021,12(07):47－48.

[13]乔子栩.浅析高校学报编辑在研究生写作培养中的作用[J].传播与版权,2021(03):79－81.

[14]孙建霞.高校学报编辑职业倦怠与心理健康研究[J].延安职业技术学院学报,2021,35(01):8－10.

[15]高宏艳.加强高校学报编辑人才队伍建设的措施[J].长春教育学院学报,2021,37(01):32－39.

[16]刘丽.新媒体时代高校学报编辑工作研究[J].哈尔滨职业技术学院学报,2021(01):119－121.

[17]刘朝霞.新时代高校学报编辑政治素养研究[J].学报编辑论丛,2020(00):469－474.

[18]刘胜兰.某些高校学报编辑缘何不愿被称呼为编辑?[J].学报编辑论丛,2020(00):707－711.

[19]周俊,杨灵芳,龚小兵.新建地方本科高校学报编辑的初审策略与学术鉴赏能力的培养[J].学报编辑论丛,2020(00):411－416.

[20]张应松.高校学报编辑综合素质简论[J].普洱学院学报,2020,36(05):138－140.

[21]罗红艳.媒体融合背景下高校学报编辑素养问题研究[J].新闻研究导刊,2020,11(20):192－194.

[22]费飞.融媒体时代地方高校学报编辑队伍发展的困境及优化策略[J].新闻研究导刊,2020,11(18):160－163.

[23]姜凤霞.高校学报编辑与研究生作者的有效沟通策略[J].滁州学院学报,2020,22(04):124－127.

[24]严孟春,曾垂超.高校学报编辑的学术惰性与学术情怀[J].江西广播电视大学学报,2020,22(02):75－79.

[25]张鹤.新时期高校学报编辑职业素养提升策略研究[J].锦州医科大学学报(社会科学版),2020,18(02):94－96.

[26]杨飞.大数据时代背景下高校学报编辑走出职业倦怠探析[J].榆林学院学报,2020,30(02):103－106.

[27]谢鸣.地方高校学报编辑的选题策划意识及对策研究[J].贵州广播电视大学学报,2020,28(01):62－64.

[28]杨辉,姜秀杰,诸葛祥蜀.高校学报编辑开展学术研究的探讨[J].新闻传播,2020(03):93－94.

[29]张同学.高校学报编辑视角下导师对研究生论文的指导责任[J].新闻研究导刊,2020,11(02):170－171.

[30]高文祥.新时期高校学报编辑应具备的素质[J].佳木斯大学社会科学学报,2019,37(06):202－204.